JN090892

劇場等
演出空間の
運用および
安全に関する
ガイドライン

公演に携わるすべての人々に

劇場等演出空間運用基準協議会

 ver.④ 2024

はじめに

劇場等演出空間運用基準協議会（基準協）は、公演制作現場での事故が続いたことを憂い、公演制作を担う関係者が立場を超えて集うかたちで2007年に創設されました。活動の第一歩として、労働者の安全と健康の確保および快適な職場環境の形成の促進を目的として定められた「労働安全衛生法（安衛法）」の考え方に基づき、同年に本ガイドラインをまとめました。

　2012年には劇場等演出空間の発展を後押しする「劇場、音楽堂等の活性化に関する法律」が制定され、その指針に「安全管理等に関する事項」が盛り込まれるに当たり、基準協は大きな役割を果たしました。さらに研究を深め、学生や経験の浅い人々を対象に専門人材の育成の基礎となる教材『舞台技術の共通基礎──公演に携るすべての人々に』（2014）を編集・発行しています。2017年には前述の教材発行を踏まえ、ガイドラインの対象を専門技術者と制作者、劇場・音楽堂等の設置者または運営者に想定し、より「安全」に重点を置いたものとする方向性で見直しをおこないました。この2つの教材は専門学校、大学等の教育機関や劇場等演出空間の現場で活かされ、着実に浸透してきました。

そして今、劇場等演出空間を巡る状況は大きな変化を迎えています。コロナ禍に見舞われた2020年1月からの3年間を前後して、高所作業に関わる法令の改正、障害者による文化芸術活動の推進に関する法律が施行され、また、劇場等演出空間の多様な作業に関わる多くのフリーランスの保護に対応するため文化庁の「文化芸術分野の適正な契約関係の構築に向けたガイドライン」策定があり、「フリーランス・事業者間取引適正化等法」が成立しました。2023年10月には同法の施行に伴い、フリーランスの労災特別加入の拡大、被雇用者同等の安全衛生水準を享受すべきとの検討も進んでおり、社会全体で進む働き方改革と無縁ではなくなっています。

　このガイドラインの主目的は、劇場等演出空間には多様な専門分野の人々が関わるがゆえに起こりがちな意思疎通の希薄化や指揮命令系統の不明確さなどを克服し、安全衛生を確保するための共通認識として、以下の3つの点を具体的に明らかにすることであり、初版より変わりありません。

・制作現場の安全衛生の確保を図る管理体制を明確にすること。
・制作作業に参加する様々な分野の人々が、安全に関し共通の意識を持つこと。
・上記の下に各人がおこなうべき共通事項を明らかにし、安全に作業するための技術と　意識の向上を図ること。

今回の改訂では、本ガイドラインをより多くの方が理解を深め活用できるように、1章の安全衛生管理体制の構成と用語の改訂をしています。まず労働安全衛生法の求める原則を示し、次に制作現場の実態に即した文章に読み替え、さらに各職能の役割と責任をより現場の実態に沿って再整理しています。また、安全作業については高所作業に関する記述、感染症対策を含めた危機管理体制の記述、配信やドローンなどの新たな要素に対する対応、法令に関するアップデートをおこなっています。

　本ガイドラインにおいては、安全衛生管理体制は公演制作側が構築し、参加する事業者等と役割を分担し、劇場・音楽堂等との連絡、情報共有により安全を確保するという道筋を明示しています。また、劇場・音楽堂等は、施設管理をおこなうための安全衛生管理体制を確立して、公演制作側と協働し、安全衛生確保に努めることを示しました。劇場・音楽堂等と公演制作側との関係（主催・共催・提携・貸館等）により、役割分担や情報共有の方法を明確に意識する必要があります。また、演劇やコンサートなど公演制作分野の違いや作品の規模により、体制や参加スタッフの相違など様々な形態が想定されます。具体的な体制については実態に即して対応することが必要です。

　2章では、「安全作業のための共通注意事項」23項目を冒頭に配し、続いて公演制作のプロセスを6つの段階に分けて、安全作業について言及しています。企画、公演準備、搬入・仕込み、舞台稽古、公演、解体・搬出、それぞれの工程において参加するスタッフがおこなわなければならない事項を整理し、冒頭の共通事項と合わせて確認できるよう構成しています。

近年、文化芸術、エンターテインメントの振興が強く求められていますが、本ガイドラインはこの業界の発展を支える基盤ともなるものです。現場の安全を図るため、舞台技術者だけでなく、制作者や劇場・音楽堂等の設置者・運営者により、各方面での活用が期待されます。

　なお、本ガイドラインはPDFファイルで以下のURLからもご覧いただけます。このガイドラインの周知にご協力いただくとともに、ご意見等ございましたら、メールにてお寄せいただければ幸いです。

URL | www.kijyunkyo.jp
E-Mail | kijunkyo@geidankyo.or.jp

劇場等演出空間運用基準協議会

目次

1章　劇場等演出空間における安全衛生管理体制 ····· 009

1-1　安全衛生管理体制の整備 ····· 010

1-2　劇場等演出空間の安全衛生管理における　　各職能の役割と責任 ····· 024

目的

劇場・音楽堂および屋内外の仮設舞台などの劇場等演出空間[*1]（以下、劇場等演出空間という）での公演制作においては、豊かな創造性あふれる自由な表現活動が求められています。しかし、その実現のためには安全な公演制作環境の整備、事故の防止、危機管理など安全衛生対策の充実が必須です。そのため、このガイドラインは、公演制作における安全衛生管理体制、作業と管理に関する運用基準を定め、公演制作の円滑な運用と安全衛生確保を図り、もって実演芸術の発展に寄与することを目的としています。

適用範囲

このガイドラインが対象とする範囲は、演劇、音楽、舞踊、演芸、伝統芸能など実演芸術の劇場等演出空間での公演制作（搬入、仕込み、舞台稽古、公演、解体・搬出を含む）に関わる活動とします。ただし、仮設会場の構築（重機を使用する設営、構造計算を必要とする構造物など）に関する作業は除いています。

　このガイドラインでは、主に、公演制作側が主導する公演制作過程に沿って、公演制作現場における安全衛生管理体制と、安全に作業をおこなうための運用基準を示していますが、その各事項は、劇場・音楽堂等の管理運営における安全衛生管理にも同様に適用されるべき内容です。

対象

公演制作に関わる制作者とすべての部門の専門技術者、劇場・音楽堂等の運営に関わるすべての部門の専門技術者と維持管理に携わる者、劇場・音楽堂等の設置者または運営者。

---

*1 「劇場等演出空間電気設備指針」、「演出空間仮設電気設備指針」でいう「劇場等演出空間」はこのガイドラインの「施設」に相当する。また仮設を含めた公演に係るすべての空間と定義する「演出空間」は、このガイドラインの「劇場等演出空間」に相当する。（詳細では若干の相違がある）

1章

劇場等演出空間における
安全衛生管理体制

1-1

安全衛生管理体制の整備

1-1「安全衛生管理体制の整備」の要点
公演制作における安全衛生管理体制の基本

1 | 安全な公演制作環境の実現に向けて

劇場等演出空間が創造性あふれる自由な表現活動の場であるために、何よりも安全な公演制作環境の実現を図っていかなければならない。公演制作は、分野や公演規模などにより多様な様相があるが、いずれも様々な立場・役割の異なる事業者*1が混在して関わり、限られた空間と時間を共有し活用することで、初めて公演は実現できる。そこでは多様な事業者が関わるがゆえに、意思疎通の希薄化や指揮命令系統の不明確といった問題が生じやすく、また高所や暗所、重量物など多くの危険が潜む環境である劇場等演出空間で、多様な人々が協働し安全により良い創作、そして公演をおこなうためには、そうした問題を未然に防ぐための安全衛生に対する共通認識が不可欠である。

国が定める労働安全衛生法は、職場における労働者の安全と健康を確保するとともに、快適な職場環境を形成することを目的としており、劇場等演出空間においても、これを拠り所として、安全衛生に取り組んでいかなければならない。

劇場等演出空間は、多くの点で特殊な労働環境でありながら、労働関係法令において必ずしもその特殊性に応じた規定が置かれているわけではない。しかし、同法令には、公演制作と同様に、複数の事業者による混在作業が避けがたい業種（建設業など）についての定めがある。私たちは、劇場等演出空間における関係者の安全と健康を確保し、快適な職場環境を形成すべく、法令の趣旨に則り、建設現場等に適用される規定を参考にして、適切な安全衛生管理体制を想定し確立・整備することを目指していく。

まず、次項で、法令で定められている、混在作業が避けがたい業種についての定めを把握し、その次の3項で、それに準じて整備すべき、劇場等演出空間における安全衛生管理体制のあり方について述べる。

2 | 労働安全衛生法に定められる安全衛生管理体制

労働安全衛生法は、一定規模・業種の各事業場において、安全で快適な労働環境を実現するため、責任の所在や権限、役割を明確にするよう定めている。具体的には、各事業場において管理者を選任し、それぞれの管理者に安全または衛生に関する技術的事項を個別に管理させることにより、安全衛生管理体制の整備を図ることを義務付けている。

その中で、建設業または造船業など特定事業の現場では、複数の関係請負人（協力会社・下請会社）に仕事を請け負わせることが多く（重層下請現場）、元方事業者の労働者と協力会社などの労働者が同一の場所で混在して作業をおこなうことになる。このような現場では、責任体制が不明確になり連絡調整の不備等によって労働災害が生じやすく、こうした労働災害を防止するため、次に掲げる責任者を配置し、特別の安全衛生管理体制を整備することが求められている。

---

*1 ここでは主催者、制作事業者、舞台、照明、音響、映像、劇場などの企画から制作作業をおこなうものすべてを含めている。労働安全衛生法第2条では、「事業をおこなう者で、労働者を使用する者をいう」と定義されている。事業者は、その事業における経営主体であるため、個人企業あるいはフリーランスであれば事業主個人であり、会社その他の法人の場合は法人そのものである。

統括安全衛生責任者

特定元方事業者が選任し、複数の関係請負人の労働者が混在する場所等で労働災害防止に関して指揮および統括管理をおこなう。その職務は元方安全衛生管理者を指揮して、次の事項について統括管理することである。

1）協議組織の設置および運営

2）作業間の連絡および調整

3）作業場所の巡視

4）関係請負人がおこなう労働者の安全衛生教育に対する指導および援助

5）仕事の工程に関する計画、作業場所における機械、設備等の配置計画を作成および当該機械、設備等を使用する作業に関し関係請負人が労働安全衛生法またはこれに基づく命令の規定に基づき講ずべき措置についての指導

6）その他労働災害を防止するために必要な事項

特定元方安全衛生管理者

特定元方事業者が、統括安全衛生責任者がおこなう職務のうち技術的事項を管理させるために選任する。その職務は、統括安全衛生責任者の指揮の下、次の事項のうち技術的事項を管理することである。

1）協議組織の設置および運営

2）作業間の連絡および調整

3）作業場所の巡視

4）関係請負人がおこなう労働者の安全衛生教育に対する指導および援助

5）仕事の工程に関する計画、作業場所における機械、設備等の配置計画を作成および当該機械、設備等を使用する作業に関し関係請負人が労働安全衛生法またはこれに基づく命令の規定に基づき講ずべき措置についての指導

6）その他労働災害を防止するために必要な事項

安全衛生責任者

特定元方事業者が統括安全衛生責任者を選任しなければならない場合において、仕事を自らおこなう関係請負人が各々選任する必要がある。その職務は次の事項である。

1）統括安全衛生責任者との連絡

2）統括安全衛生責任者から連絡を受けた事項の関係者への連絡

3）2）のうち、当該請負人に係るものの実施についての管理

4）当該請負人がその労働者の作業の実施に関し計画を作成する場合における当該計画と特定元方事業者が作成する仕事の工程に関する計画等との整合性の確保を図るための統括安全衛生責任者との調整

5）当該請負人の労働者のおこなう作業および当該労働者以外の者のおこなう作業によって生ずる混在作業に起因する労働災害に係る危険の有無の確認

6）当該請負人がその仕事の一部を他の請負人に請け負わせている場合における当該他の請負人の安全衛生責任者との作業間の連絡調整

3 | 劇場等演出空間における安全衛生管理体制

劇場等演出空間での公演制作は、既に述べたように、様々な立場・役割の異なる事業者が混在した状態で作業がおこなわれることが常である。そこで公演制作全体の予算計画と執行に責任を持つ事業者である制作事業者[*2]は、その規模にかかわらず元請け事業者として、公演制作における安全衛生管理に対して包括的な責任を負っている。

　制作事業者が負う安全衛生管理に対する包括的な責任とは、①安全衛生の前提である、会場の諸条件、人員、スケジュール、それらと公演内容のバランスについての計画が適正であること、②その計画が的確に実行され、関係者の安全と健康が確保されること、への責任である。

　計画を的確に実行し、関係者の安全と健康を確保するためには、協働する各事業者がそれぞれの作業において、適切な安全衛生への配慮や取り組みを実施することが大前提であり、制作事業者は、各事業者がそうした配慮や取り組みをおこなうことを前提として確認の上、発注や契約を進める必要がある。

　同時に、制作事業者は、その責任を担い、複数の事業者が混在した状態において計画を的確に実行し関係者の安全と健康を確保するために、2項で述べた労働安全衛生法における「混在作業が避けがたい業種についての安全衛生管理体制」に準じ、劇場等演出空間における安全衛生管理体制を次のように整備し、責任の体系を明らかにし安全衛生確保に取り組むことが求められる。

（ここでは、主に、作品制作団体による安全衛生管理体制の整備について述べる。後述のように、施設には施設の安全衛生管理体制が求められる）

制作事業者は、劇場等演出空間すなわち公演制作現場における安全衛生に関しての責任の所在と指示系統を明らかにするため、
・「統括安全衛生責任者」「（元方）安全衛生管理者（以下、「安全衛生管理者」と記す）」を選任し、
・協働する各業者に「安全衛生責任者」の選任を求めて、安全衛生管理体制を整備すること、
・またそれをすべての事業者に周知すること
が求められる。〈→p.023を参照〉

劇場等演出空間すなわち公演制作現場における安全衛生に関しての責任の所在と指示系統は、多くの部分で創作や公演制作のための指示系統と重なるが、安全衛生に関するリーダーは演出家や振付家ではなく、あくまで「統括安全衛生責任者」や「安全衛生管理者」である。

　また、公演制作現場の構成団体である各事業者は、個別の事業者として、法令に則りその規模に応じた安全衛生管理体制をそれぞれ構築しなければならない。

＊2　制作事業者とは、公演の企画から制作まで自らその一部または全部をおこなう事業者（複数存在する場合は企画を担う事業者）、制作作業を自らおこなわず複数の事業者に委託している事業者、または公演制作の仕事のすべてを主催者から直接請け負っている事業者をいう。

①「統括安全衛生責任者」

制作事業者は、その責務を十分に果たすために、公演制作現場における制作業務を実質的に統括管理する者（制作業務統括者）を「統括安全衛生責任者」として選任する。「統括安全衛生責任者」は、同じく制作事業者が選任する「安全衛生管理者」を指揮、また協力し、下記a～hの事項の統括管理をおこなう。〈2-2「公演制作過程における安全作業の取り組み」内の「各段階における主要な役割と安全衛生管理上の責任」→p.075, 081, 089, 103, 107, 113を参照〉

a：制作作業全般における危険および健康障害を防止するための措置の実施

b：安全衛生に関する協議の実施

c：各セクション間の連絡および調整と、安全衛生管理に配慮した適切なスケジュール作成

d：各セクションがそれぞれの作業において、適切な安全衛生への配慮や取り組みを実施していることの監督

e：公演制作現場の巡視

f：構成団体（各事業者）がおこなう安全衛生教育の指導および援助（資料の提供など）

g：危機管理対策の策定

h：その他労働災害を防止するために必要な事項

公演制作の事業の形態によって制作業務を統括管理する者は、制作事業者（民間企業、地方自治体、公益法人等）の代表者であったり、業務統括としての館長やプロデューサー等であったりと、その責任の所在は一様ではない。複数の出資者で構成する製作委員会方式で公演制作をおこなう事業、海外からの招聘事業や外国法人等との共同制作事業、プロデューサー業務を外部人材に委託する制作事業者などもあり、いずれの場合でも適切な「統括安全衛生責任者」の選任が求められる。

《本ガイドライン2章においては、制作業務統括者（＝統括安全衛生責任者）が安全衛生の責任者として実質的に統括し、公演制作現場における制作業務を担う公演事業者を「公演制作者」と記している》

②「安全衛生管理者」

制作事業者は、その責務を十分に果たすために、制作作業を指揮監督する者として「安全衛生管理者」を選任する。分野や公演規模に応じて、プロダクション・マネジメント、舞台監督業務、技術監督業務を担う者の中から選任されるが、いずれの場合でも、公演の段階では、その実際の進行管理をおこなう舞台監督業務を担う者が「安全衛生管理者」の役割を担うこととなる。[*3]

《本ガイドライン2章においては、この公演制作過程全体を通じた「安全衛生管理者」を、現場に即して「舞台技術業務監督者」と記している》

「安全衛生管理者」は、劇場・音楽堂等施設の施設側「安全衛生管理者」（仮設の場合は仮設舞台安全衛生管理者。以下同じ）の協力を得て、「統括安全衛生責任者」の指揮の下、3項に示された事項の実施について、具体的な管理をおこなう。

　公演制作現場の実際においては、「安全衛生管理者」が状況に合わせ判断と指示をおこなうべき局面が多い。「統括安全衛生責任者」の責務と権限を「安全衛生管理者」が委任されていると考え、その意識を互いに共有し安全衛生管理に当たらなければならない。〈2-2「公演制作過程における安全作業の取り組み」内の「各段階における主要な役割と安全衛生管理上の責任」→p.075, 081, 089, 103, 107, 113を参照〉

[*3]　企画から搬入・仕込み、舞台稽古の段階において、舞台監督業務を担う者以外が「安全衛生管理者」である場合には、公演の段階において舞台監督業務を担う者が「安全衛生管理者」を務めるために、両者の間の情報共有が必要である。

③「安全衛生責任者」

実演、舞台、照明、音響、映像、電源など各セクションの事業者は、セクションごとに現場作業の責任者を「安全衛生責任者」として選任し、下記a〜dの事項をおこなわせることが必要である。

a：当該セクションの作業における危険および健康障害の防止措置の実施

b：安全衛生に関する協議への参加

c：安全衛生に関する協議における連絡調整事項の周知徹底

d：その他当該セクションにおける労働災害防止に必要な事項

1つのセクションが複数の事業者（個人事業主［フリーランス］を含む）で構成されている時には、そのセクションの中で元請として他の事業者に発注をおこなっている事業者から「安全衛生責任者」を選任する。

　また、1つのセクションを構成する事業者（個人事業主［フリーランス］を含む）が、制作事業者から個別に発注を受けており、主たる事業者が明らかでない場合には、「統括安全衛生責任者」は、その中で主導的な者を「安全衛生責任者」として指名選任し、安全衛生管理の指示系統を明らかにするとともに、そのセクションにおける安全衛生管理の責任をともに担うことが求められる。

　また、各セクションにおいては、それぞれの作業において、適切な安全衛生への配慮や取り組みを実施して、自律的に安全衛生管理に当たり、安全な公演制作環境の実現を図らなければならない。

④ 施設における安全衛生管理体制

各施設において、施設管理者[4]により、施設という事業所としての安全衛生管理体制が整備されなければならない。そこで、安全衛生管理を統括する者[5]は、公演団体／施設利用者の構築する安全衛生管理体制の中で、施設側「安全衛生管理者」として協働し、安全衛生の確保に努めることが求められる。

　施設側「安全衛生管理者」は、舞台技術管理の統括をおこなう者が担う。また、舞台技術管理の各セクションには、施設側「安全衛生責任者」を選任し、公演側の各「安全衛生責任者」と協働して、安全衛生の確保に当たる。

《本ガイドライン2章においては、この施設側「安全衛生管理者」を、公演制作過程の中で理解しやすいように、「舞台技術管理責任者」と記している》

＊4　施設の管理運営をおこなう団体。公立施設であれば、指定管理者あるいは自治体の担当部署。民間施設であれば、経営法人。フェスティバルにおける仮設劇場などでは、実行委員会などがそれに当たる場合もある。

＊5　労働安全衛生法に拠れば、規模に応じて、統括安全衛生責任者、安全管理者、あるいは安全衛生推進者がそれに当たる。

4 劇場等演出空間における安全衛生の取り組み

労働安全衛生法では、様々な安全衛生の取り組みを求めている。ここでは、多様な事業者が混在し様々な形態が想定される公演制作現場において、実態に即して対応できるように、安全衛生の取り組みについて述べる。

　同時に、公演制作現場の構成団体である各事業者は、日頃から、法令に則りその規模に応じた安全衛生管理の取り組みをおこなわなければならない。

① 安全衛生に関する協議

制作事業者は、「統括安全衛生責任者」「安全衛生管理者」および各セクションの「安全衛生責任者」により、公演制作の企画・公演準備の各段階の必要な時機に、安全衛生に関する協議をおこなわなければならない。これは、公演制作の各段階において、主要なメンバーにより開催するプロダクションミーティング（スタッフ会議）の果たす役割の一部である。そこでは、その内容やデザインに関する議論と並行し、以下のような安全衛生に関する事項の協議をおこなわなければならない。また、こうした協議の内容を記録し保管しなければならない。

a：制作計画の概要とスケジュール

b：各事業者の業務の概要

c：公演会場（施設等）の概要と安全上配慮すべき事項

d：混在作業の概要

e：危険予知とその対策（リスクアセスメント）

f：その他労働災害を防止するために必要な事項

さらに、必要な段階においては、施設側「安全衛生管理者」および施設側「安全衛生責任者」が参加して、安全衛生に関する協議を実施し、上記a〜fに加え、

g：使用する技術設備、備品等の情報、それに係る危険防止対策

h：その他施設利用の上で、労働災害を防止するために必要な事項

について共有し協議をおこなう。

公演団体／施設利用者が仕込み等施設利用開始前に設ける、施設との打ち合わせは、この協議をおこなう重要な機会である。〈→p.086を参照〉

> ・安全衛生連絡に関する協議→プロダクションミーティング（スタッフ会議）
> ・施設側も含めた安全衛生に関する協議→施設との事前打ち合わせ

② 劇場等演出空間における安全衛生教育

1）各事業者において

事業者は、公演制作現場における安全衛生水準の向上を図るため、以下のような時点において、その労働者（構成員）に対し、適切な安全衛生教育をおこなわなければならない。事業者の責任下で従事するフリーランスに対しても、同様である。

- 新たに雇い入れた（契約した）時
- 新たな内容、新たな場所での業務に就かせる時
- 特に危険を伴う作業・業務に就かせる時

安全衛生教育とは、作業内容と方法、作業時の指示系統、作業場所の概要と安全上配慮すべき事項、危険性や有害性とその防止措置などに関するものである。

　公演制作現場において作業の指示や統括をおこなう者には、職長としての適切な安全衛生教育を実施する必要がある。

　また、法令で定められた特定の作業には、特別教育の実施や資格を取得させる必要がある。フリーランスと契約する場合には、資格や特別教育受講の有無を確認する。〈→p.154を参照〉

2）公演制作現場において

1つの公演制作現場が、長期間にわたり継続的に運営されることは稀であり、短～中期間に限って編成・組織されているケースが多い。また、1つのセクションが、個人事業主（フリーランス）を含む複数の事業者から成ることも多く、そうした特性を踏まえ、公演制作現場においては、次のような取り組みを安全衛生教育として認識し実施することが求められる。

a：作業前ミーティング

仕込み作業などの開始前に作業者全体が集合し、作業概要やスケジュールの共有、混在作業の把握により潜在する危険を確認共有する。〈→p.043を参照〉

各セクション個別の作業開始前などのミーティングも、作業内容や段取りの指示確認だけではなく、危険箇所の共有をおこなう機会である。

b：オリエンテーション

舞台稽古開始時に出演者に対しおこなうオリエンテーションは、危険箇所とそれに対応する安全措置を全体で共有する貴重な機会である。〈→p.104を参照〉

数年にわたるロングラン公演や長期ツアーのような公演制作現場においては、1）に準じて、その構成員、また指示や統括を担う者に対し、安全衛生教育をおこなうことが求められる。

（公演制作現場の）安全衛生教育→作業前（等）ミーティング／オリエンテーション

---

③ 劇場等演出空間における安全衛生活動

制作事業者は、公演制作現場において、危険および健康障害を防止し安全を確保するため、2章「劇場等演出空間における安全衛生管理」〈→ p.037〉に基づき、安全衛生活動を実施することが求められる。その基本事項として、各セクションの事業者に、特に下記のa〜fの活動実施を徹底する。

また、施設にも、同様に安全衛生活動の実施が求められる。

a：危険予知とその対策 (防止措置)

リスクアセスメントにより、公演制作現場に潜在的にある危険性や有害性を見付け出し、労働災害が発生しないよう、あるいは万一発生した場合でも軽微になるよう、措置を講じる。リスクアセスメントの手順については、1-2「リスクアセスメントとは？」〈→p.036〉を参照する。

また、作業者が制作現場における危険を予知するための訓練 (危険予知訓練)、ヒヤリハット活動 (現場で実際に発生した危険な事象や、幸い災害には至らなかったものの事故の恐れを感じた事象を報告し、現場における危険性の高い場面を類型化すること) により、危険性の認識・共有を図る。

b：作業前ミーティングの実施

事業者は、毎日の作業開始前に、自己の作業現場で作業に従事する作業者が、作業内容や予測される危険とその対策について共有できる機会をつくる。また、必要に応じて、統括安全衛生責任者、安全衛生管理者、各セクションの安全衛生責任者、その他必要な者の間で、作業の安全に関する打ち合わせ、調整をおこなう。〈→p.043を参照〉

c：公演制作現場の巡視 (安全衛生パトロール)

事業者は、作品制作の各局面において自己の作業現場を回り、危険有害な箇所とその対策が機能しているのか、作業手順や方法が守られているのか、また作業が健全に進行しているのかを確認し、問題を発見した場合、作業者への指示や「安全衛生管理者」への調整の要望を速やかにおこない、改善を図る。

施設においては、定期的に、施設内の危険箇所とその対策を確認するための巡回 (セーフティウォークスルー) をおこなう。

d：設備等の点検

事業者は、自己の制作作業で使用する設備、機材について始業前点検をおこない、異常等がある場合は、補修、改善等の措置を講じる。なお、使用する設備、機材が施設所有である場合は、施設管理者に対し補修改善を要請し、それが終了するまでは使用しない。

施設は、始業前点検を含む日常点検を励行し、また定期保守点検を適切におこなう。〈→p.130〜132を参照〉

e：取扱要領の作成

事業者／施設は、使用する設備、機材のうち危険が生じる恐れのあるもの、並びに作業で取り扱う危険物および有害物については、危険防止のための取扱要領書 (作業手順書、マニュアル) を作成し関係者に周知する。

f：整理整頓の励行

事業者／施設は、制作現場の整理、整頓、清掃および清潔（4S活動）を励行する。

5 ｜ 危機管理体制の整備

制作事業者および施設管理者は、公演制作の現場における自然災害、事故、騒動等による危機を想定し、2-3「危機管理」〈→p.118〉を参照し、その対応策を立案し、緊急時の公演中断、中止、その他の回避の対策、事態収束後の復旧対策等を指揮管理する体制を整備しなければならない。

① 危機管理マニュアルの作成

② 自然災害、事故発生時の緊急措置

③ 緊急連絡網の整備（所轄の警察署、消防署、保健所等を含むこと）

また、施設管理者は、施設全体を管轄する防火防災管理者を、資格を有する者から選任し、防火防災に努めなければならない。

6 ｜ ハラスメント防止の取り組み

ハラスメントとは、他の者に身体的・精神的な苦痛を与え、またその尊厳を傷付ける言動をおこない、他の者の安心・安全な就業環境を害する言動、また、言動への対応によって労働条件等について不利益を与える行為等の総称である。

　制作事業者および施設管理者は、安全衛生管理の一環、作業環境管理として、公演制作現場がハラスメントの生まれない場であるために、関係者全員がともに働く人を互いに認め合い、その価値観、考え方を尊重し業務に当たるよう、ガイドライン等による周知・啓蒙、注意喚起の反復実施、相談窓口の設置等の取り組みをおこなわなければならない。

　また、他者への配慮を欠いた言動は、多様な関係者の協働を妨げ、労働災害の遠因となり得ることを認識し、こうした取り組みをおこなう。

言動に対する受け止め方には個人によって差異があり、善意あるいは親しみからの言動であっても、本人の意図とは関係なく、相手を不快にさせ、ハラスメントに該当する場合がある。どのような行為がハラスメントに該当し得るのか、正しく理解しなければならない。

公演制作現場に生じる可能性のある主なハラスメント

パワーハラスメント

関係の優位性や自らの権力や立場を背景とした、業務上必要かつ相当な範囲を超えた言動により、特定の相手に不利益を与える、また極度に不快な思いをさせるなど、その就業環境が害されること。客観的に見て、業務上必要かつ相当な範囲で行われる適正な業務指示や指導については、パワーハラスメントには該当しない。

モラルハラスメント

言葉や態度によって相手の心を傷付ける精神的な嫌がらせや、無視する、暴言を吐く、嫌みを言うなどの言動。モラルハラスメントは上下関係の有無は関係なく、あらゆる人間関係において発生する可能性がある。

セクシャルハラスメント

性的な言動により、特定の相手に不利益を与えることや、その就業環境が害されること。「性的な言動」とは、①性的な関心や欲求に基づくものをいい、②性別により役割を分担すべきとする意識に基づく言動、③性的指向や性自認に関する偏見に基づく言動も含まれる。セクシャルハラスメントは同性に対するものも含まれ、被害を受ける者の性的指向や性自認にかかわらない。

理解を深めるために、以下のリンクを参照。

職場のいじめ・嫌がらせ問題の予防・解決に向けたポータルサイト「あかるい職場応援団」
www.no-harassment.mhlw.go.jp/

人事院「ハラスメント防止について」
www.jinji.go.jp/seisaku/kinmu/harassment.html

[ハラスメント防止の注意喚起の一例]

・劇場等演出空間では、様々な役割を持った方がそれぞれの手段で創作や公演に関わります。一人ひとりに、それぞれの価値観や考え方があり、発言者にそのつもりがない言動でも、受け手にとっては個人の尊厳や人格を傷付ける行為として感じられる可能性があります。そうしたことの起きないよう、ともに働く人の振る舞いや考え方を尊重する気持ちを常に持ってコミュニケーションを図りましょう。

・劇場等演出空間では、様々な意思決定とそれに基づく指示命令があり、その中では様々な「優位性」が生まれ、また経験や年齢による上下関係も生じやすいものですが、そうした優越的な立場や権利の濫用により、ともに働く人の身体的・精神的な安心・安全が損なわれることのないよう自覚し、業務に当たりましょう。

・経験やスキルは、人によって異なります。知らない、できない、を直裁的に責めることは、創造的な、また健全な仕事につながりません。責めるのではなく、各個人のスキルの向上や業務の安全・質の向上につながる指示や指導、助言をおこなうよう、心掛けましょう。

・他の現場ではあたりまえだ、これまでもおこなわれてきた、といった慣習を根拠とした判断や言動は慎みましょう。

・安心・安全な業務のためのコミュニケーションを機能させるために、ルールや作業の目的等、ともに働く人の中で共有すべき事項を明確にし、その共有に努めましょう。

・属性や思想信条に関わらず、対等に意見交換や対話をおこなえる環境をつくりましょう。

1-1 「安全衛生管理体制の整備」の要点

＊本書を読み進めるにあたり必要な基本的情報です。必ずお読みください。

- 公演制作現場は、複数の法人や個人、あるいは団体が混在してともに働いている。

- 一方、公演制作現場には様々な危険が潜んでおり、安全衛生を確保するためには、多様な法人・個人・団体を横断してその危険やそれに対する対処を共有できるよう、現場全体の責任の所在と指示連絡系統を、関係者全員が把握し共有することが必要。

- 安全衛生を確保するには、各セクション各事業者がそれぞれの作業において、適切な安全衛生への配慮や取り組みを実施することが大前提。制作事業者は、そうした配慮や取り組みがおこなわれることを前提として確認の上、発注や契約を進める必要がある。

- その上で、制作事業者は、元請け事業者として、公演制作現場の安全衛生に対して包括的な責任を負う。

- 制作事業者は、以下の役割を選任し、責任の所在と指示連絡系統を明確にする。

  統括安全衛生責任者：公演制作現場における制作業務を実質的に統括管理する安全衛生の責任者《制作業務統括者（プロデューサー等）》

  安全衛生管理者：「統括安全衛生責任者」の下で、複数の法人や個人、あるいは団体を横断的に統括し、具体的に安全衛生管理をおこなう者（公演の段階においては、必ず舞台監督が担う。公演制作過程全体を通じての「安全衛生管理者」《現場に即していうと、「舞台技術業務監督者」》は、舞台監督、プロダクション・マネージャー等のいずれかが担う）また、「安全衛生責任者」の選任を、各セクションを担っている個別の法人や個人あるいは団体に求める。

  安全衛生責任者：（大道具、照明、音響など）各セクションの安全衛生の責任者（→各セクションは、その求めに従い、その選任をおこなう）

- 安全衛生に関しての責任の所在と指示連絡系統は、公演制作のための指示連絡系統と重なる部分もあるが、そのリーダーは演出家や振付家ではなく、「統括安全衛生責任者」と「安全衛生管理者」である。

- 施設では、施設管理者により、施設という事業所としての安全衛生管理体制が整備されなければならない。施設側「安全衛生管理者」「安全衛生責任者」を選任し、公演側の「安全衛生管理者」「安全衛生責任者」と協働して、安全衛生の確保に当たる。《施設側「安全衛生管理者」は、現場に即して言うと、「舞台技術管理責任者」》

- 公演制作現場の構成団体である各事業者は、事業者ごとに、法令に則りその規模に応じた安全衛生管理体制を構築しなければならない。

- プロダクションミーティング（スタッフ会議）、施設との事前打ち合わせ、作業前などのミーティング、舞台稽古前オリエンテーションなどは、安全衛生推進のために大事な取り組みである。

- 制作事業者および施設管理者は、安全衛生管理の一環、作業環境管理として、公演制作現場がハラスメントの生まれない場であるために、関係者全員がともに働く人を互いに認め合い、その価値観、考え方を尊重し業務に当たるよう、注意喚起や相談窓口の設置等の取り組みをおこなわなければならない。

公演制作における安全衛生管理体制の基本 [*6]

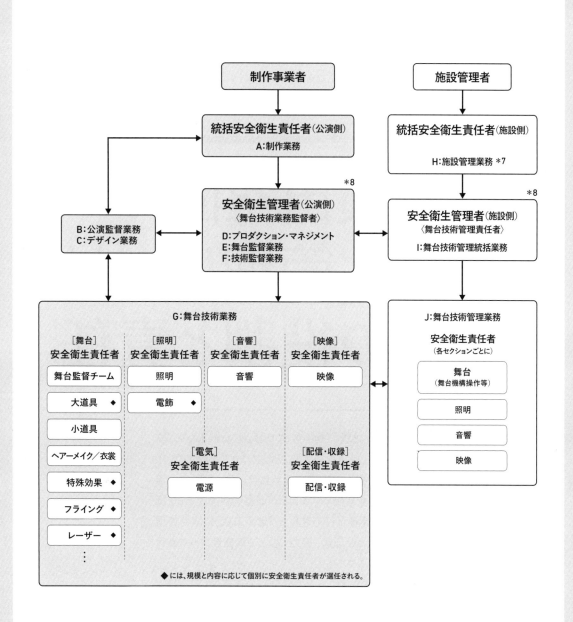

*6　ここでは安全衛生管理体制の整備の基本形を図示したが、演劇、音楽、舞踊、演芸、伝統芸能など実演芸術の分野、大劇場から小劇場といった施設の規模、公演制作の方法によって様々なバリエーションが存在する。安全衛生管理の体制を構築するための各部門の分担を明示するものであり、事故が起きた場合の補償責任体系を示したものではない。

*7　「H：施設管理業務」に防火防災管理者が含まれる。

*8　本ガイドライン2章においては、制作作業の中で理解しやすいように、公演側の安全衛生管理者を「舞台技術業務監督者」、施設側の安全衛生管理者を「舞台技術管理責任者」と記している。

1-2

劇場等演出空間の
安全衛生管理における
各職能の役割と責任

公演制作は、限られた予算と時間、また物理的条件の中でおこなわれるため、安全衛生管理における役割と責任が明確にされないまま、そのプロセスを進んでいくことが多い。しかし、公演の成功と安全衛生の実現のためには、早い段階で公演制作過程における関係者の役割と責任を明確にすることが必要不可欠である。同時に、それらの役割にはそれに見合う権限が付与されるべきであり、公演制作現場に関与するすべての関係者がそのことを理解、協力し合って責任を持って実行できる体制を築くことが、必要である。

　公演制作の実施体制や安全衛生管理体制は、その分野や公演規模により様々であるが、ここでは共通の理解のために、安全衛生管理における各職能（業務）の役割と責任[*1]の概要を示す。

　ただし、公演規模によって、複数の役割を1人の人間が兼ねる場合もあり、反対に、1つの役割を分割する場合もある。大切なことは、それぞれの役割を持った業務において、その業務を担う者が必要な安全衛生管理をおこない、その責任が常に明確にされていることである。

---

*1　本節1-2のAからGにおける「統括安全衛生責任者」「安全衛生管理者」「安全衛生責任者」は、特記のない限り、公演側の各役割を示している。また、FからJにおいては、特記のない限り、同じく施設側の各役割を示している。

A 制作業務

B 公演監督業務

C デザイン業務

D プロダクション・マネジメント

E 舞台監督業務

F 技術監督業務

G 公演舞台技術業務 <small>（舞台、照明、音響、映像、電気、配信・収録）</small>

H 施設管理業務

I 舞台技術管理統括業務

J 舞台技術管理業務

A │ 制作業務

制作とは、公演の企画を立案し、その実行を統括する役割である。従って、その制作業務を実質的に統括管理する者は、公演制作における包括的な責任を持つ。それゆえ「統括安全衛生責任者」として選任された制作業務統括者（プロデューサー等）は、公演全体の安全衛生管理体制を整備し、労働災害防止措置を実施する必要がある。

　制作業務統括者は、演出家、あるいは振付家等、本節1-2に列記する役割を負うにふさわしい者を選定し、彼らとともに公演制作過程における安全衛生に努める。具体的には、安全衛生管理のために次の事項を統括する。

1. 制作作業における危険、および健康障害防止措置の実施
2. セクション間の連絡および調整と、安全衛生管理に配慮した適切なスケジュール作成
3.「安全衛生管理者」の選任
4. 事業者がおこなう安全衛生教育の指導および援助
5. 危機管理対策の策定
6. ハラスメントガイドラインの作成
7. その他労働災害を防止するために必要な事項

「統括安全衛生責任者」は、公演制作過程全体の安全衛生のために、「安全衛生管理者」らがどのように役割を担うことが適切かを、自ら判断することが求められる。

　p.015にあるように、「統括安全衛生責任者」には実質的に制作業務を統括管理する者（制作業務統括者）が選任される。多くの場合、その作品のプロデューサーが担うが、公演制作の事業の形態によっては、制作事業者の代表者や制作部長等、業務統括としての施設の館長や施設のプロデューサー等が担うこともある。

B │ 公演監督業務

公演監督は、公演の芸術面での責任を担うことがその役割である。その業務に当たり、「統括安全衛生責任者」および「安全衛生管理者」と協力して、稽古と公演に関する安全衛生の確保に努めなければならない。また、「安全衛生管理者」から、適切な安全衛生管理のための働き掛けがある場合には、公演監督は、芸術面での何らかの変更について協議・検討をおこなう。

　特に、高所での演技、飛び降り・フライング・暗所での演技、戦闘や群舞など多人数による演技や用具を使用する演技、火薬を取り扱うなどの危険を伴う演技の演出をおこなう場合は、事前に十分なリハーサル、専門家の指導、有資格者の配置、当事者への配慮など必要な安全対策を「安全衛生管理者」と講じることで、労働災害防止措置を実施する。

演出家、振付家、ディレクター（舞台で収録するテレビ番組の演出等）等が担う。

またこれらの業務を補佐する役割として、演出助手、振付助手等があり、稽古場での稽古スケジュールの管理・運営等をおこなう。

C｜デザイン業務

各セクションにおいてデザインに関与する人々は、公演監督および制作業務統括者（プロデューサー等）の意図に沿い、演出効果を高める責任を負っている。（舞台美術家、照明デザイナー、音響デザイナー、映像デザイナー、衣裳デザイナー、特殊効果、レーザー等）

同時に「統括安全衛生責任者」および「安全衛生管理者」と協力して、各セクションに関する安全の確保に努めなければならない。下記のことに、特に留意することが求められる。

1. できるだけ早い段階で、そのデザインを明らかにする。
2. デザインの安全性を、プロダクション・マネジメントを担う者とともに確認する。
3. そのデザインの安全確保が確認されない場合、デザイン変更も含めて安全衛生の確保について協議・検討する。

D｜プロダクション・マネジメント

プロダクション・マネジメントとは、制作業務担当者が立案した予算計画の技術面に関わる部分を検討し、制作過程を通じて、その実行を管理することである。また、適性および能力のある技術、制作スタッフを制作業務担当者とともに選定する。制作事業者の指名により、「安全衛生管理者」（＝舞台技術業務監督者）としての任を負う場合がある。

1. 公演企画段階で、制作業務統括者（プロデューサー等）や公演監督および各デザイナーと公演の安全衛生計画を立てる。
2. 安全衛生管理に配慮した適切な制作スケジュールを立て、それを実行する。
3. 公演制作過程で生じる危険を把握し、回避あるいは最小化する。
4. 各セクションに適切な情報を共有し、その安全衛生管理責任を果たせるようにする。

公演の規模や公演団体の構成に応じて、舞台監督あるいはプロダクション・マネージャーが担う。この業務の一部を制作業務統括者（プロデューサー等）が担う場合もある。

E │ 舞台監督業務

舞台監督業務においてステージ・マネジメントに関する仕事は、公演監督の構想する公演内容の的確な実現に向けて、企画段階から公演終了まで進行管理をおこなうことである。また、出演者および公演スタッフの統括をおこない、制作事業者の指名により、公演において「安全衛生管理者」を担う。

1. 出演者をはじめ公演スタッフの安全衛生管理をおこなう。
2. リハーサル（稽古場も含め）の手順について演出助手ら関係者とともに協議し、危険のないように計画し実行する。
3. 安全かつ確実に公演を実施するために、キュー（きっかけ）出しなどを含む、必要な進行管理をおこなう。
4. 緊急時には、公演を中断し、出演者やスタッフの安全を確保し、観客に冷静な反応を促す。

この業務を担う舞台監督が、公演の規模によっては、プロダクション・マネジメント、技術監督業務を担うことが多く、その場合には仕込み・解体の段階においても、「安全衛生管理者」（＝舞台技術業務監督者）を担う。

F │ 技術監督業務

技術監督業務とは、公演監督の芸術的な意図を技術的に実現するために、技術的各要素のレイアウトやプロット全体を理解し、調整と統括を通じて、安全に具現化することの責任を担う業務である。この役割は、多くの場合、舞台監督あるいはプロダクション・マネージャーが担うが、大規模な公演の場合、個別に技術監督が立つ場合もある。制作事業者の指名により、「安全衛生管理者」（＝舞台技術業務監督者）としての任を負う場合もある。

1. 安全衛生管理において、技術的なリスクの回避と最小化に努めることが求められる。
2. 舞台美術（デザイン）が明らかになった時点で、リスクアセスメント〈→p.036〉をおこなう。
3. 安全衛生管理が確保できない舞台美術やスケジュール等が明らかになった場合、その根拠と問題点を具体的に示し、公演監督や各デザイナーと変更の検討をおこなう。
4. 事故が起きた場合の調査および再発防止対策をおこなう。

G | 公演舞台技術業務
（舞台、照明、音響、映像、電気、配信・収録）

▶舞台

「舞台」というセクションには大道具、小道具、衣裳、かつら、メーキャップ、特殊効果、フライング、レーザーなど広範囲な要素が含まれ、公演形態の違いによっても異なる。舞台セクションは、舞台監督が「安全衛生責任者」*1として統括するが、規模の大きな公演においては、大道具、特殊効果、フライング等に個別に「安全衛生責任者」を選任し、安全衛生の確保に当たらなければならない。以下に、主な役割を記す。

▶舞台監督チーム

舞台監督助手

舞台監督の下で稽古場から公演において進行補助作業をおこなう役割であり、「安全衛生責任者」としての舞台監督を補佐する。公演形態により稽古場用大道具の製作や小道具の調達、調整などもおこなう。大道具の転換、衣裳、小道具のスタンバイおよびメンテナンス、音響や照明の補助作業をおこなう場合もある。舞台部、演出部と呼称されることもある。

▶大道具

大道具*2の仕込み・解体および公演中の大道具転換をおこなう役割である。仕込み・解体においては、搬入作業や、吊り込み、立て込みの作業をおこなう。高所および暗所での作業も多く、安全衛生への高い意識が求められる。大規模な公演の場合、大道具セクションのリーダーが「安全衛生責任者」として統括することが求められる。

▶照明

演出家および制作業務統括者（プロデューサー等）の意図に沿った照明デザインを作成し、視覚的に補助するセクションである。デザイナー、チーフ、プログラマー、オペレーターなどの役割に分けられる。照明におけるチーフおよびオペレーターは、デザイナーの意図を具現化する役割であり、仕込み作業に要する技術、経験と、仕込みの状況や照明機器の特徴を把握し、安全に使用するための知識が必要である。照明オペレーターは作業内容から、調光オペレーター、フォロースポット・オペレー

---

*1　舞台監督は、制作現場全体の「安全衛生管理者」を担うことも多く、その場合、制作現場全体の「安全衛生管理者」と舞台セクションの「安全衛生責任者」を兼ねることとなる。

*2　舞台上に飾られる物には木製のパネルや鉄骨、発泡スチロール、FRP（繊維強化プラスチック）などの素材を使用した舞台装置や、幕などで構成される舞台装置がある。また、衣裳、小道具などもある。これらを総称して舞台美術という。このガイドラインでは上記の舞台装置を総称して大道具という。

ター、ステージ・オペレーター、ムービングライト・オペレーターに分類される。仕込み時、フォーカス時、撤収、搬入出等の基本的な照明担当作業には全員が参加して全体作業をおこなうのが通例である。照明セクション全体の「安全衛生責任者」を選任して、制作現場の業務に当たらなければならない。

　また、電飾については、照明セクションに含め、合わせて安全衛生の確保に当たることが多いが、大規模な公演においては、個別に「安全衛生責任者」を選任し、安全衛生の確保に当たらなければならない。電飾等は、大道具への取り付けや加工など、特に舞台セクションとの協働が必要であり、「安全衛生管理者」を中心に作業内容の共有と調整が必須となる。

▶照明チーフ

照明デザインを基に仕込み図面を作成し、調光回路などホール設備の確認、機材リストの作成、作業手順の確認、作業の安全、仕込みに掛かる時間、必要人員等の計算、仕込み作業、および指示をおこなう役割である。照明セクションの「安全衛生責任者」を担うことが多い。

▶プログラマー

照明デザインに従いプログラミングを担当する。大規模な公演の場合には、ムービングライトや特殊機材のプログラミングを専門のプログラマーと分けておこなう場合もある。

▶調光オペレーター

照明デザインに従い照明操作卓の操作をおこなう役割である。大規模な公演の場合には、ムービングライトや特殊機材に関し専門のオペレーターを立てる場合もある。

▶フォロースポット・オペレーター

出演者をスポットライトでピックアップしてフォローする。通常は客席後方かフォロールームからおこなうが、フロントサイド、ポータルタワー、ポータルブリッジもしくは照明ブリッジからおこなう場合もある。

▶ステージ・オペレーター

ステージ回りに仕込まれた器具の管理、転換作業、ステージフォロー、ギャラリーフォローなどをおこなう役割である。舞台上で業務に当たるため、特に舞台セクションの安全衛生の取り組みを理解し協働する必要がある。特に、大道具や幕類などとの接触による火災や、ケーブルの処理、袖中の作業灯の管理なども注意しなければならない。

▶ムービングライト・エンジニア

ムービングライトの設置計画、仕込み、調整、メンテナンスをおこなう。チーフオペレーターや調光オペレーターが兼任する場合も多いが、大規模な公演においては、器具のメンテナンスが重要になるために、メンテナンス専門のエンジニアが同行する場合がある。ムービングライト・システム全般の技術を用いて、一般照明機器とは独立した運用をおこなうことも多い。

▶システム・エンジニア

大規模な公演に際し、デザイナーの照明演出全体をハード面でサポートするために、チーフ（オペレーター）の指示の下、安全衛生に配慮し、使用機器、電源、伝送信号等の適切な照明システムの構築、仕込み方法のプランニングおよび管理をおこなう。

❯ 音響

演劇・舞踊の分野では、演出家、舞踊作者（振付家）や制作業務統括者（プロデューサー等）の意図に沿った音源の作成と再生、あるいは演奏や台詞を拡声して、聴覚で作品に関与する。コンサートPA（SR）の分野では音楽監督（音楽ディレクター）、アーティストやプロデューサーの意図に沿って歌や演奏の拡声に責任を持つセクションである。デザイナー、オペレーター、エンジニアの役割に分けられる。音響セクション全体の「安全衛生責任者」を選任して、制作現場の業務に当たらなければならない。オペレーターは、作業内容からチーフオペレーター（ハウスオペレーター）、モニター・オペレーターに分けられる。

　また、コンサートや大規模なミュージカルなどにおいては、楽器管理を担当するローディーや、コンピューター・シーケンスの操作を担当するマニピュレーターといった、実演家と技術スタッフの間に立つ役割も重要となっている。

▶音響チーフオペレーター（ハウスオペレーター）

全体の音響演出の具現化（音量、音質、バランス等）をおこなう役割である。また、デザインに応じた仕込み内容の準備や調整をおこなう。音響セクションの「安全衛生責任者」を担うことが多い。下記に公演別の作業例を挙げる。

［演劇・舞踊の場合］

録音素材や音楽も含めた再生音の操作をおこなう。少数であればマイク系の操作も1人でおこなうのが基本だが、マイクPAが重要な場合、専任のオペレーターを必要とする。

［ミュージカル・音楽劇の場合］

台詞や歌のPA（SR）、演奏のPA（SR）、効果音の再生という役割を、ワイヤレス・オペレーター、音楽MIXオペレーター、SE（効果）オペレーターなど複数人で分担し担当する。（チーフがどこを担当するかは公演による）小規模の場合は1人ですべてを担う場合もある。また、出演者へのワイヤレスマイク等の取り付け方法などの指示をステージ・エンジニアにおこなう。

［コンサートPA（SR）の場合］

客席をカバーするメインスピーカー（フロント・オブ・ハウス＝F. O. Hともいう）で観客への音のサービスを担う。プランナー（デザイナー）をチーフオペレーターが兼ねる場合が多い。

▶モニター・オペレーター

演奏家や歌手の舞台エリア内の音のサービスをおこなう。それぞれに必要な音のバランスを調整し、歌いやすく演奏しやすい音響環境を整える役割である。

▶ステージ・エンジニア

進行に応じた、マイクやモニタースピーカーの配置転換の他、公演別に下記のような作業をおこなう。舞台上で業務に当たるため、特に舞台セクションの安全衛生の取り組みを理解し協働する必要がある。

［ミュージカルなどの場合］

衣裳などに取り付けたワイヤレスマイクの状態を最善に保つことや、マイクの受け渡し、休憩時の電池交換や防水処理のケアをおこなう。

［コンサートPA（SR）の場合］

楽器の持ち替えに対応する転換や、演奏者の指示をモニター・オペレーターに随時伝達する。また、ステージ上の突発的なトラブルに対応する役割を担う。

▶システム・プランナー

デザイナーの音響演出をハード面でサポートするために、安全衛生に配慮し、システム構築や仕込み方法等のプランをおこなう役割である。

▶チューニング・エンジニア

スピーカーシステムが会場に合致するように周波数特性の補正（イコライジング）やディレイ（音声信号の遅延）調整をおこなう役割である。デザイナーやチーフオペレーターと協力しながら目的とする音のクオリティを実現する。

▶映像

自発光映像装置（LED、ディスプレイ［液晶／LCD、有機EL等］、レーザー、電球など）や投映型プロジェクター装置（フィルム、ビデオなど）といった映像装置を用い、これらにCG、実写などのコンテンツを適時表示させて、公演監督の意図に沿った演出効果を具現化するセクションである。デザイナー、オペレーター、エンジニアの役割に分けられる。映像セクション全体の「安全衛生責任者」を選任して、制作現場の業務に当たらなければならない。このセクションは技術革新の影響が著しいため、今後新しい役割、職種が生じるものと考えられる。

▶映像チーフ（オペレーター）

全体の映像演出のデザインに基づき、機材の選定、仕込み位置や設置方法、作業手順、仕込みに掛かる時間、必要人員等を検討し、指示をおこなう役割である。映像セクションの総括責任者であり、映像セクションの「安全衛生責任者」の任を負う。自ら映像機

器の操作をおこなうことも多い。

　大道具への取り付けなどについては、特に舞台セクションとの協働が必要であり、「安全衛生管理者」を中心に作業内容の共有と調整が必須となる。

▶映像エンジニア

映像演出を技術的にサポートする役割であり、デザイナーとともにソフトおよびハードの選択に関わる。

▶映像オペレーター

映像機器の操作をおこなう。また、中継、録画などの業務にも的確、柔軟に対応をおこなう。

▶電気

▶電気エンジニア

照明、音響、舞台、映像等の電源プランに基づいて、施設の既存電源コンセント等では不足の場合に、「演出空間仮設電気指針」に沿って配線図を作成し、持ち込み機器電源盤や仮設電源盤、あるいは電源車などの外部電源から電源供給をおこなう役割である。幹線の配線、絶縁、過電流の監視等をおこなう。安全担保の構築は、電気に精通した技術者がおこなう必要があり、電源方式、設備場所、電気容量、規模に応じ対応する。

▶配信・収録

配信や中継、収録をおこなう際には、TD（テクニカル・ディレクター）、スイッチャー、カメラマン、ビデオ・エンジニア（ビデオ／音声／照明）、レコーディング・エンジニアといった役割が関わる。舞台や客席に設営をおこなうことが多く、大規模な場合には、この配信・収録セクションにも「安全衛生責任者」を選任し、各セクションと協働して、実務に当たらなければならない。

H | 施設管理業務

作品が公演される施設において、施設管理の役割は、関係者全員の安全衛生を確保することである。関係者とは、出演者、スタッフに加え観客も含まれる。また、施設管理者は、施設の「統括安全衛生責任者」として「安全衛生管理者」および「安全衛生責任者」を選任する。

1. 施設内の舞台機構、照明、音響、映像などの設備が安全に使用できるよう、適切な保守点検を手配し実施する。
2. 施設、備品の重要事項について、劇場技術管理者とともに制作者に事前に説明する。
3. ヘルメット、墜落制止用器具等の安全装備、飲料水、医薬品、AEDなどの緊急救命装置等を装備する。
4. 地震、火災や自然災害における避難計画や連絡体制などを作成し、周知・訓練をおこなう。

I | 舞台技術管理統括業務

施設の舞台技術管理の役割は、その施設における舞台、照明、音響、映像などの設備・備品の適切な運用により、公演側技術者と協働して、作品制作における各作業および公演を的確かつ安全に遂行、またはそのための助言をおこなうことである。施設の舞台技術管理責任者は、施設管理者（「統括安全衛生責任者」）の指名により、施設の「安全衛生管理者」としての任を負う。

J | 舞台技術管理業務

舞台、照明、音響、映像など各セクションの責任者は、「安全衛生責任者」としての任を負う。（※映像セクションを持つ施設は現状では極めて少ない。映像機器設置に関わる安全衛生管理をどのセクションが担うのか、施設の状況に応じた対応が必要である）

1. 舞台機構、照明、音響、映像などの各技術設備が安全に使用できるように、日常点検および定期保守点検を実施する。
2. 仕込み・解体作業および公演・公演準備のために、公演側「安全衛生管理者」らの指示により、舞台機構などの操作をおこなう。その際、舞台技術設備のスペックに対する正確な理解に基づき、適切な安全確認とともに実行する。下記〈舞台機構操作〉を参照。
3. 施設の危険箇所を把握し、公演制作現場に周知する。
4. 必要に応じてヘルメット、墜落制止用器具等の安全装備を着用させる。
5. 事前に、公演側「安全衛生管理者」「安全衛生責任者」とリスクアセスメントをおこなう。
6. 禁止行為解除申請などが円滑におこなわれるように、舞台監督および制作担当者等とともに所轄の消防署等との打ち合わせを実施する。
7. 地震、火災時などの緊急時の対策を計画する。

舞台機構操作

施設の電動・油圧機構の操作は、施設側の舞台技術スタッフによりおこなわれるため、一義的には施設の「安全衛生管理者」の責任下にある。一方で、公演中あるいは公演準備のための機構操作は、公演側「安全衛生管理者」である舞台監督の指示によって、また仕込み・解体作業においては公演側「安全衛生管理者」（＝舞台技術業務監督者）あるいは公演側各セクションの「安全衛生責任者」の指示によっておこなわれるため、その安全衛生管理の取り組みを理解し、互いの責任が果たせるよう、協議しなければならない。

　手引き吊物機構の操作は、施設側の舞台技術スタッフによっておこなわれる場合と、公演側の大道具や舞台監督チーム、照明による場合があるが、いずれの場合においても同様に、公演側「安全衛生管理者」らの指示によるものとする。

さらに詳しく

リスクアセスメントとは?

リスクアセスメント（日本語にすると「危険性の評価」）は、職場の潜在的な危険性または有害性を見付け出し、これを除去、低減し、労働災害が発生しないよう、あるいは万一発生した場合でも軽微になるよう、的確に安全衛生対策をおこなうための手法である。労働安全衛生法において各業種各職場に努力義務として課されている。

　公演制作現場は、常に様々な危険＝リスク（人身事故の危険、設備・機材破損の危険、健康被害の危険など）を抱えており、このリスクアセスメントの手法を最大限に活用し、危険を把握した上で軽減し、より安全な労働環境の確保に努めなければならない。

労働安全衛生法に推奨されているリスクアセスメントの手順は、以下の通りである。

> ①「危険性」のリストアップ
> ▼
> ②評価（危険の重大性、危険源への接近頻度、災害の発生可能性）
> ▼
> ③リスク軽減の対策
> ▼
> ④対策後の再評価

劇場等演出空間の安全を確保するためには、公演ごとにおこなう「公演制作の立場によるリスクアセスメント」と、年間を通じ日常的に取り組む「施設管理・舞台技術設備管理の立場によるリスクアセスメント」が必要となる。

2章

劇場等演出空間における
安全衛生管理

2-1

安全作業のための
共通注意事項

公演制作は、専門職域／役割の異なる多様な舞台技術者の相互の密接なコミュニケーションにより成立するものであり、その公演の質と安全衛生確保は、個々の能力だけでなく、その協働のありように大きく依存している。その協働の基礎となるのは、公演制作に関わるすべてのスタッフが基本的な知識と技能について理解を共有していることであり、また1章で触れた制作者から各セクションの舞台技術者までの全体でつくり上げる職種、職域を超えた安全衛生管理体制である。

事故を防ぎ、安全に進行するためには、余裕を持ったスケジュールを組んで適切な作業環境をつくること、またどのような危険が潜んでいるのかを全体で共有し必要な措置を講じるリスクアセスメント〈→p.036〉の考え方が重要である。

ここでは、制作現場におけるプロセス全体において留意すべき「共通注意事項」を挙げ、続いて本章2-2においては、公演制作過程に沿って安全のために注意すべき事項を述べる。

劇場入りまでのプロセス（いわゆる準備段階）においての企画立案や具体的な技術事項の整理に際しても、これら共通注意事項を念頭に置いて、作業を進めていかなければならない。

1 作業現場の基本

01 | 監督責任の明確化

全セクションを統括し作業全体の進行を指揮監督する者は、その現場の安全を守るために、様々な配慮や働き掛けをおこない、また注意喚起に努めなければならない。

　時には、（安全衛生管理者としての安全衛生活動として）危険な作業の中断を指示し、作業方法の再検討を求める。

**作業員は、誰が
舞台技術業務監督者**
（＝公演側 安全衛生管理者）
**なのかはっきりと認識し、
その判断を共有する。**

▶各作業員、とりわけ各セクションのチーフ（＝各安全衛生責任者）は、誰が舞台技術業務監督者（＝公演側 安全衛生管理者）なのかを、はっきりと認識し、その判断を共有し、安全な作業進行に努めなければならない。

▶舞台技術業務監督者（同）は、「舞台監督」であったり、「技術監督」「プロダクション・マネージャー」であったり、その公演形態やジャンル・規模によっても異なるが、十分な経験と知識、危機察知能力を持つ者でなければならない。

**公演団体／施設利用者側と
施設側の安全衛生管理者は、
協働し、安全衛生確保に当たる。**

▶公演団体／施設利用者側と施設側、双方の安全衛生管理者が協働し、安全確保に当たる。

▶公演団体／施設利用者側においては、舞台技術業務監督者（＝公演側 安全衛生管理者）が、制作現場における全体責任者である制作業務統括者（プロデューサー等）（＝統括安全衛生責任者）の指揮の下、その権限を委譲されて、現場の安全確保に努める。

▶施設側においては、施設の舞台技術管理責任者（＝施設側 安全衛生管理者）は、施設管理者／施設長（＝統括安全衛生責任者）の指揮の下、現場の安全衛生確保に努める。

このガイドラインは、公演制作現場における安全衛生管理体制、安全に作業をおこなうための運用基準を示している。これを基に、各現場は、それぞれの固有の環境、各現場に沿った「安全基準」を策定し、安全衛生管理者の責任の下で運用する。

　また、各施設の日常管理業務や点検・整備業務においても、公演制作過程に準じてこのガイドラインを基に、安全衛生の確保に努めなければならない。

---

02 | タイムスケジュール

舞台技術業務監督者（＝公演側 安全衛生管理者）は、各セクションの作業内容やその関連性を十分に考慮し、事故を防ぎ安全に進行できるよう、関係法令も踏まえ、タイムスケジュール（プロダクション・スケジュール）をまとめ、公演側スタッフ全体および施設側への周知・共有を図る。

1 作業現場の基本

条件やルールに則した立案をおこなう。

▶タイムスケジュールの立案に当たっては、作業内容や作業人員に即した、また施設の環境やルールに沿った無理のない進行を心掛ける。

タイムスケジュールを尊重する。

▶現場においては、共有された全体のタイムスケジュールに則って、各セクションの作業を進行していく。（タイムスケジュールに則って、進行できるような準備をおこなう）

▶各セクションの作業開始時間は、他のセクションの作業進行にも大きく影響するため、必ず前日に申告し、遵守する。

▶必要な後片付け（機材のクーリングを含む）作業を終えて、施設の定める退出時間を守れるよう、作業進行の調整を図る。

安全衛生確保のために、適切な休憩を取る。

▶適切な休憩は、安全な作業に直結する大切な時間である。十分な休憩を取らずに作業を継続することは、危機察知能力を著しく低下させ、ヒューマンエラーを誘発する。昼夜に十分な食事休憩と、中途にも小休憩を設けることが、舞台技術業務監督者（＝公演側 安全衛生管理者）に求められる。

また、各部署の安全衛生責任者もそれぞれの作業内容により、休憩を取ることで、作業員の労働環境に配慮が求められる。

想定外の状況においてこそ、情報共有を図る。

▶何らかのトラブルや想定外の事態によって、スケジュール通りに進められないことが判明した場合には、即座に舞台技術業務監督者（＝公演側 安全衛生管理者）に伝え、全体でその状況を共有する。

▶特に、搬入出については、事前に各セクションの間でなされた調整に則り、おこなう。緊急的に、搬入出をおこなう必要が生じた場合には、舞台技術業務監督者（同）に必ず伝え、全体でその状況を共有する。

03 | 作業前ミーティング

安全かつ質の高い作業を円滑に進めるために、作業前ミーティングをおこなう。

　建築現場や製造業などにおいては、危険に関する情報を共有するための作業前ミーティング、すなわちKYミーティング（危険予知ミーティング）が、安全衛生確保に必要な取り組みとして広くおこなわれている。公演制作現場においても、作業に潜む危険を共有し円滑に作業を進めるために、作業前ミーティングをおこなうことは、極めて有用であり、励行していくことが求められる。

▶仕込み初日の作業開始時には、公演側および施設側の各セクションのスタッフによって、必ず作業前ミーティング（KYミーティング＝危険予知ミーティング）をおこなう。そこにおいては、

- 公演側および施設側の各セクションのスタッフの紹介（少なくともチーフ）
- 舞台技術業務監督者（＝公演側 安全衛生管理者）を中心とする指示連絡系統の確認
- 舞台技術業務監督者（同）による仕込みスケジュールの概要の説明
- 危険箇所、危険作業の確認
- 施設によって決められているルールの確認（施設側は簡潔に説明をおこなう／立て掛け禁止の箇所など）をおこなう。

▶また、仕込み2日目以降においても、各セクション内、あるいは必要であれば全セクションによる作業前ミーティングをおこなう。

04 │ 作業に適した服装、装備

1
作業現場の基本

**不慮の危険を招かない、
適切な服装を身に付ける。**

▶作業に適した、また巻き込みなどによって不慮の危険を招かないように配慮した服装を身に着ける。

▶必要に応じて、皮手袋などを着用し、手のひらの保護を図る。

**安全靴、もしくはそれに準じる
靴を着用する。**

▶不慮の落下や挟み込みによる事故を防ぐために、安全靴、もしくは舞台技術業務監督者（＝公演側 安全衛生管理者）の指示の下にそれに準じる靴を着用する。

▶伝統芸能など、稽古・公演に際して足袋雪駄の着用が求められる現場においても、仕込み・解体などの作業中には、安全靴もしくはそれに準じる靴を着用し、安全を図る。

保護帽（ヘルメット）は、作業の基本装備。

▶保護帽（ヘルメット）は、作業の基本装備と考える。

**高所作業において、
墜落制止用器具の着用は必須。**

▶高所作業において、墜落制止用器具の着用は必須である。

さらに詳しく

保護帽（ヘルメット）について

上空からの機材や工具などの落下や、構造物や設置中の部材への激突や転倒による頭部へのダメージを最小限に抑えるために、保護帽（ヘルメット）の着用が重要である。舞台技術業務監督者（＝公演側 安全衛生管理者）の指示の下、作業の基本装備として着用をおこなうこと。また、高所作業や脚立作業、トラックへの積み込み、荷下ろ時においては、万一の墜落、転倒時に備え、必ずヘルメットの着用をおこなわなければならない。（JIS規格に基づくヘルメットには、飛来・落下物用と墜落時保護用、飛来・落下物／墜落時保護用とがあるが、飛来・落下物／墜落時保護用を使用することが望ましい。また飛来・落下物用と飛来・落下物／墜落時保護用には頭部感電を防ぐ電気用のものもある）

作業に関わる全員が自ら正しい着用を心掛けると同時に、舞台技術業務監督者（同）は、作業員がヘルメットを正しく着用するよう、指導すること。頭部に合わせてサイズを調整し、あご紐を締め、ずれないように着用する。なお、ヘルメットの頭部保護性能が損なわれる帽子やタオルなどをヘルメットの下へ着用することは控える。ヘルメットは、各人が持参し作業に臨むこと。

安全靴について

足先への重量物の落下や乗り上げ、また釘などの踏み抜きから作業者の足を守るため、作業内容に応じて安全靴の着用を推奨する。JIS規格を満たしたものだけが「安全靴」と呼ばれるが、プロテクティブスニーカー規格（JSAA規格）で定める公的試験をクリアし、一定の安全性能や耐久性を備える作業靴を総称し「プロテクティブスニーカー」と呼ぶ。これらの靴を、作業環境に合わせて選択すること。

なお、労働安全衛生法・労働安全衛生規則では、作業内容・環境に合わせた安全靴着用の義務が定められている。

05 ｜ 作業準備

**機材・工具は、正しく使用し、
日頃から点検をおこなう。**

▶使用する照明・音響・映像他の機材、仮設リギング部材、高所作業台や脚立などの作業補助機具については、取扱説明書や仕様書を事前に確認し、適切な用途・方法で使用する。特に、専門的な知識や技術を必要とする機材については、それを持った技術者を必ず現場に配置する。また、日頃から点検をおこない、変形や不具合のあるものを使用しない。

▶作業に必要な工具は、用途に合ったものを用意し使用する。また、日頃から点検をおこない、変形や不具合のあるものは作業に使用しない。

**施設点検は日常的におこない、
整理、整頓、清掃および清潔（4S活動）
を励行する。**

▶施設の舞台技術管理責任者（＝施設側 安全衛生管理者）は、施設の技術設備が健全に機能し、安全に使用できるよう、日常的に点検をおこなう。

▶常に整理、整頓、清掃および清潔（4S活動）を励行する。

**公演団体／施設利用者と施設は、
施設の技術設備内容や
運用ルール、公演側の技術情報を
事前に共有し、作業に当たる。**

▶公演側の舞台技術業務監督者（＝公演側 安全衛生管理者）は、施設から共有を受けた、技術設備のスペックの概略や安全衛生確保のための運用ルールを、あらかじめ公演側スタッフ全体に周知するよう図る。また、各セクションの公演側スタッフは、必要な情報を知りそれを踏まえて作業に当たる。

▶施設の舞台技術管理責任者（＝施設側 安全衛生管理者）は、安全な施設の運用のために十分な公演側の技術情報が得られているか、事前に確認し、必要があれば、公演側に提出を求める。

**施設側の安全衛生管理者は、
公演側スタッフに必要事項が
十分に周知されているか
注意を払う。**

▶施設の舞台技術管理責任者（＝施設側 安全衛生管理者）は、あらかじめ公演側に共有した、施設の技術設備のスペックの概略や安全確保のための運用ルールが公演側スタッフに十分に周知されているかどうか、注意を払う。また、安全な施設の運用のために十分な公演側の技術情報が得られているか、事前に確認し、必要があれば、公演側に提出を求める。

2 舞台機構を使用する作業

06 | 吊物機構を使用する作業

吊物作業の基本

吊り込み作業においては、保護帽（ヘルメット）を着用する。

▶吊り込み作業をおこなう時は、必ず保護帽（ヘルメット）を着用する。

運転中の吊物機構の下には立ち入らない。

▶昇降運転している吊物機構の下に、立ち入らない。

安全監視要員を配置し、運転開始時には、発声し周囲に注意喚起する。

▶吊物機構を運転する時は、手動電動にかかわらず、安全監視要員を配置する。

▶手動／電動を問わず、運転／開始停止の指示は、機構の動作がよく見えるところにいる、舞台技術業務監督者（＝公演側 安全衛生管理者）の指示を受けた者がおこなう。また、運転開始時には、肉声もしくはマイクでアナウンスし、周囲への注意喚起をおこなう。

▶作業中の吊物機構の運転は、十分な作業明かりの中でおこなう。また、異音に注意を払えるよう、運転中に大きな作業音を立てない。

適切な速度で操作／運転をおこなう。

▶適切な速度で、十分に注意を払って操作／運転する。

荷重状況を適切に判断し対処する。

▶バトンなどの最大積載量を確認し、その範囲内でおこなう。

▶荷重が均等に掛からず局所的に掛かる場合には、施設側と十分協議しておこなう。

▶重量物を吊る場合、吊り物の吊り点位置とバトンワイヤーの関係に留意し、バトンに不均等に大きな荷重が掛からないよう、留意する。

バトン操作

手動バトン（手引きバトン）は、十分な経験を持つ技術者が操作し、アンバランスな状況は速やかに解消する。

▶手動バトン（手引きバトン）の場合、

・十分な経験を持つ技術者が操作する。

・カウンターウエイトのバランス調整には、十分に注意を払って最も安全な方法でおこなう。アンバランスな状況はできる限り速やかに解消する。

電動バトンの場合、施設側技術者と作業手順を共有し、その指示を守って作業をおこなう。

▶電動バトンの場合、

・施設側技術者の指示を守り、作業をおこなう。

・作業の種類に応じて、適切なスピードで運転する。

・操作担当の施設側技術者と作業手順の詳細を打ち合わせ、意思疎通を図る。

常設吊り物の吊り替えは、
施設側スタッフの了解の下で
おこなう。

▶施設の常設吊り物の吊り替えが必要な場合には、施設側スタッフの了解の下、原状復帰できるようにおこなう。

吊物どうしの干渉

吊り物同士の接触や干渉は
極力回避し、発生した場合、
協議の上速やかに解決を図る。

▶吊り物同士が、昇降運転中も含め、接触あるいは干渉しないよう配慮して設置すること。接触や干渉が発見されたら、各セクションと協議し、速やかに解決を図る。

▶昇降時（特に吊り込み後、初めて運転する時）には、揺れや前後のバトンなどとの干渉に十分注意を払い、問題があれば、公演に備えて必ず解消する。

吊り物同士の近接や干渉、
バトンなどの固定・寄り引きに
関しては、施設側・公演側双方で、
昇降禁止（あるいは困難）であることを、
必ず情報共有する。

▶吊り物同士が非常に近い場合、あるいは様々な問題解決のために、バトンなどをフライギャラリーにロープなどで固定や寄り引きするような場合、事故の起きないよう、施設側・公演側双方で、昇降禁止（あるいは困難）であることを情報共有する。

器具・資材の選択

適切な吊り具を選択し、
落下防止ワイヤーを必ず使用する。

▶照明、音響、映像などの機材を設置する場合、各機材の専用吊り具、あるいはそれに代わる適切な器具を使って吊り込み、必ず落下防止ワイヤーを掛け、安全策を講じる。

▶吊りワイヤー、スリング、シャックル、ロープなど、安全荷重の範囲内で選択し、視覚上の問題よりも安全を優先して使用すること。（使用方法によって強度が異なることに留意する）

▶綿ロープやバインド線は、吊り上げのための資材ではないので、吊り点には使用しない。

衝撃荷重を考慮し、余裕を見た
器具・資材の選択をおこなう。

▶吊り物の急激な下降をおこなったり、万一落下が起きた場合、吊り具・吊り資材には、物品の重量よりはるかに大きな衝撃荷重が掛かる。吊り具・吊り資材の選択は、衝撃荷重に備えた余裕を持つことが必要である。

渡りケーブルの安全を確保する。

▶照明、音響、映像などの機材へのケーブルがフライギャラリーからバトンなどに渡る場合、昇降に十分なケーブル長を確保するとともに、昇降の妨げにならないように安全措置を講じる。

仮設リギングは、
施設の条件に則り、計画する。

▶チェーンモーター（ウインチ）やチェーンブロックなどを利用して、仮設のバトンやトラスを設置する場合（仮設リギング）には、施設建物（スノコ、フライギャラリー等）の荷重条件（強度）や電源などを確認して計画する。

さらに詳しく

安全荷重と破断荷重

様々な用具や材料には、その製品ごとに荷重条件があるが、「安全荷重」と「破断荷重」という2つの表現の方法があり、混同してはならない。

「破断荷重」（≒切断荷重、破壊荷重）は、製品が破壊もしくは断裂する荷重である。それに対し、「安全荷重」（≒使用荷重、SWL、WLL）とは、安全を考慮した時の上限値である。

07 ｜ 床機構を使用する作業

機構の規模に応じて、安全監視要員を配置する。

▶床機構（迫り、走行床）を使用する際には、機構の規模に即して、必要に応じた人数（複数名）の安全監視要員を配置しておこなう。

大きな高低差が生じる際には、保護帽（ヘルメット）を着用する。

▶大迫りなどを搬入や仕込みに使用する時には大きな高低差が生じるため、作業員は必ず、保護帽（ヘルメット）を着用する。

迫り下降時の開口部分には、監視員を配置し、開口部分を明示して注意喚起をおこなう。

▶迫り下降時の開口部分には、監視員の配置に加えて、開口部分を明示する措置を講じ、作業員が墜落の危険のある場所に達しないように、注意喚起をおこなう。（作業中の明示措置としては、パイロン［カラーコーン］とガードバー、あるいは堅固なポスト［支柱］が床面に設置できる場合にはポスト間を白ロープ［あるいはトラロープ］で結ぶなどの方法がある）

運転に必要なクリアランスを必ず確認する。

▶迫りや盆などの床機構上に、大道具などを設置する場合、固定床とのクリアランス（隙間）を十分に取っているか確認をする。

床機構の許容荷重の確認をおこなう。

▶床機構上に、重量物を設置する場合、施設の床の許容荷重内でおこなうよう、公演側スタッフは施設と入念に確認する。

安全確保の例

大迫り下降時

オーケストラピット迫り下降時

3 高所作業

08 | 高所作業

基準となる床から2mを超える位置での作業は、労働安全衛生法から「高所作業」と位置付けられている。公演制作現場においても、2mを超える高さでの作業は高所作業と捉え、墜落事故防止のため、墜落制止用器具などを使用し、安全対策を講じて万全な注意を払わなければならない。なお2m以下でも墜落の恐れがある作業をする場合は、安全対策を講ずること。

検討・計画段階において、高所作業におけるリスクを最小限に留める。

▶舞台技術業務監督者（＝公演側 安全衛生管理者）は作業計画を立案する際、舞台技術管理責任者（＝施設側 安全衛生管理者）と協議し、高所作業のリスクをできる限り軽減する。

▶高所作業が避けられない場合は作業者の安全確保を第一に考え、墜落防止対策を講じた「作業床」設置を検討する。

▶作業床設置が困難な場合は、高所作業台などの使用を計画する。また、作業床の有無にかかわらず、墜落制止用器具を適切に使用できる環境を整える。

高所作業が避けられない場合は、舞台技術業務監督者（＝公演側 安全衛生管理者）が事前に確認した安全な体制によっておこなう。

▶舞台技術業務監督者（＝公演側 安全衛生管理者）は、高所作業が必要であることを事前に把握し、安全な体制によっておこなわれることを確認する。安全な遂行に資材（高所作業台等）の手配が必要な場合には、公演責任者である制作作業務統括者（プロデューサー等）（＝統括安全衛生責任者）と協議し、対策を講じなければならない。

▶高所作業をおこなう際は、舞台技術業務監督者（同）の指示に従って作業する。舞台技術業務監督者（同）は、舞台技術管理責任者（＝施設側 安全衛生管理者）と安全確保のための運用基準について、事前に確認と協議をおこなう。

▶フルハーネス型墜落制止用器具特別教育を受講した者にのみ、墜落制止用器具フルハーネスを使用した作業に従事させる。

▶舞台技術業務監督者（同）は、万一に備え墜落制止用器具などを着用した作業者が落下した際の救出方法を想定しておく。

▶舞台技術業務監督者（同）は、作業が正しく安全に遂行されているか確認し、安全確保に不十分な点があった場合は直ちに改善を指示する。

高所作業員は、必ず墜落制止用器具と、保護帽（ヘルメット）を着用し、携帯物には落下防止対策を施す。

▶墜落制止用器具フルハーネスを使用する者は、必ずフルハーネス型墜落制止用器具特別教育を受講する。

▶高所作業員は、自身の体型、作業内容、法令にあった墜落制止用器具を、取扱説明書に則り正しく使用する。また、使用者自身が点検と安全管理をおこなう。

▶高所作業員は、必ず墜落制止用器具を装着し、堅固な構造物にランヤード（命綱）をフッキングして墜落防止策を講じる。それが、ワイヤーや親綱である場合には、墜落時の巻き添えを防ぐために、1本の親綱に複数人がフッキングすることは厳禁である。

▶高所作業員は、保護帽（ヘルメット）を着用し、万一の際のリスク軽減を図る。

▶高所作業をおこなう際には、必要のない物品を携帯せず、作業に必要な工具等には、ワイヤーなどの落下防止対策を施す。

高所作業がおこなわれている区域は明示し、立ち入り制限する。周辺の地上作業員も、保護帽（ヘルメット）を必ず着用する。

▶上空で高所作業がおこなわれている区域をパイロン（カラーコーン）とガードバーなどで明示して立ち入りを制限し、そこでは作業をおこなわないよう努める。

▶床面においては、高所で作業がおこなわれていることを周知し監視する人員を配置することが望ましい。

▶高所作業がおこなわれている周辺の地上作業員は、飛来対策として保護帽（ヘルメット）を必ず着用し、リスクの軽減を図る。

体調不良の者は高所作業に従事しない／させない。危険な事態が発生した際は、直ちに作業を中止する。

▶舞台技術業務監督者（＝公演側 安全衛生管理者）は、体調不良の者が高所作業に関わることのないように、作業員の健康状態に注意を払う。また、作業員に健康管理を働き掛ける。

▶高所作業中に危険と思われる事態が発生した際には、直ちに作業を中止し、その旨を舞台技術業務監督者（同）に連絡する。

固定施設（フライギャラリー、照明ブリッジ、フロントサイド、バルコニー、シーリングなど）

施設は、手すりへのネットや巾木の設置をおこない、墜落や物の落下のリスクの軽減に努める。

▶施設側は、フライギャラリーなどの高所通路には、各種演出機器の設置を妨げないよう配慮しながら、手すりへの落下防止ネットの設置、また巾木の設置をおこない、墜落や物の落下のリスクの軽減に努める。

施設は、照明ブリッジ等に、ランヤード（命綱）を外すことなく作業できる設備を設置する。

▶施設側は、照明ブリッジ等には、ハーネスもしくは安全帯のランヤード（命綱）を外すことなく作業できる設備（親綱等）を設置する。

作業灯を確保する。

▶照明ブリッジなどの高所に乗り込む際には、必ず作業灯をつけ安全を確保する。

▶施設側は、各固定設備内に作業灯を設置する。

乗り込み前に携帯物を一時置きする場所を用意する。

▶施設側は、携帯物の落下事故を防ぐために、乗り込み前に携帯物を一時置きする場所を用意することが望ましい。

落下防止ネットの設置例
想定外の状況においても物品の落下や作業員の墜落を防ぐために、手すり等に設置する。

仮設構造物上

安全なアクセスの確保と十分な転倒防止策を講じる。

▶高所作業台などの仮設高所においては、作業員が安全に高所までアクセスできるよう図る。また、その仮設構造物自体には十分な転倒防止策を講じる。

仮設高所においても、ランヤード（命綱）を外さず作業できる設備を準備する。

▶仮設トラス、イントレなどの仮設高所においては、舞台技術業務監督者（＝公演側 安全衛生管理者）の責任において、墜落制止用器具のランヤード（命綱）を外すことなく作業できる設備（親綱等）、階段など安全な昇降経路を必要に応じて準備する。はしごなどを使って上り下りする場合には、墜落制止用器具のランヤード（命綱）を有効にしながら昇降することが難しいため、安全ブロックを使用するなどして墜落防止を図る。

イントレなど足場作業に従事する作業員は、法令で義務づけられた講習を受講する。

▶イントレなどの足場の組立・解体および変更作業に従事する作業員には、特別教育が法令で義務づけられている。安全衛生管理者は、特別教育を受講した者にのみ、これらの作業に従事させる。

さらに詳しく

墜落制止用器具について

高所作業においては、墜落事故が起きないよう努めると同時に、万一の墜落時に身体への影響を最小限に抑えるため墜落制止用器具の着用が必須である。労働安全衛生法では、基準となる床面から2m以上の作業は高所作業と位置付け、墜落制止用器具の着用を義務付けており、特に6.75m（約22尺）以上の高さにおいては、フルハーネス型の着用が義務付けられている。

劇場等演出空間においては、施設の規模により異なるが、6.75m以下における高所作業の割合が多いと考えられる。2m以上6.75m以下の高所作業においては、胴ベルト型墜落制止用器具でも法令上問題ないが、墜落した際の身体への影響はフルハーネス型に比べて極めて大きい。

墜落制止用器具がフルハーネス型であっても胴ベルト型であっても、墜落した際、ショックアブソーバ展開分を加えたランヤード（命綱）の長さが落下距離を上回ると、床面への衝突を避けられないため、使用には注意が必要である。

使用に際しては、落下距離を最小限にするため、ランヤード（命綱）をフッキングするポイントを作業位置よりも高い位置に取ることなどに留意する。作業内容に応じて安全ブロックをハーネス本体に正しく接続し、安全確保をおこなう。

墜落制止用器具は、前述の通り墜落する作業者を捕捉し墜落距離を制限する機構（フォールアレストシステム）を指し、万一の際の被害を最小限に留めるためのものであるが、前提として、作業者が墜落しないように配慮することが重要である。

次ページへ続く▶▶▶

▶▶▶前ページより続く

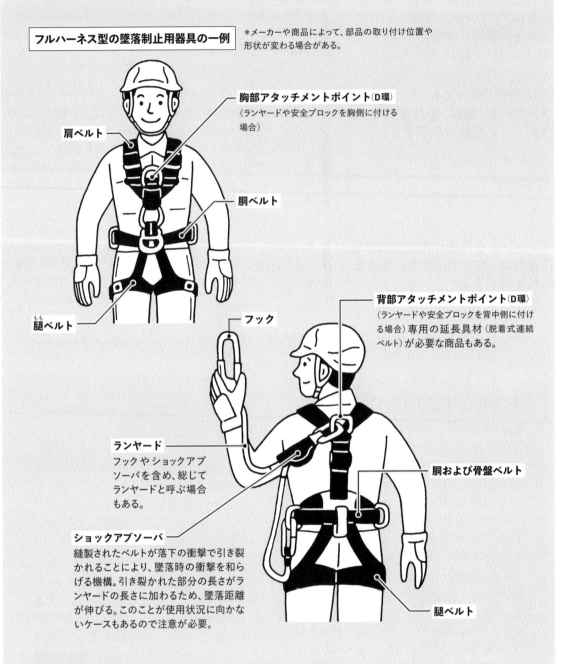

フルハーネス型の墜落制止用器具の一例

*メーカーや商品によって、部品の取り付け位置や形状が変わる場合がある。

胸部アタッチメントポイント(D環)
(ランヤードや安全ブロックを胸側に付ける場合)

肩ベルト

胴ベルト

腿ベルト

フック

背部アタッチメントポイント(D環)
(ランヤードや安全ブロックを背中側に付ける場合)専用の延長具材(脱着式連結ベルト)が必要な商品もある。

ランヤード
フックやショックアブソーバを含め、総じてランヤードと呼ぶ場合もある。

胴および骨盤ベルト

ショックアブソーバ
縫製されたベルトが落下の衝撃で引き裂かれることにより、墜落時の衝撃を和らげる機構。引き裂かれた部分の長さがランヤードの長さに加わるため、墜落距離が伸びる。このことが使用状況に向かないケースもあるので注意が必要。

腿ベルト

作業床とは?

作業床とは、法令に則り墜落防止措置を講じた安全に作業できる足場のことをいう。床幅40cm以上で、(床から高さ85cm以上に)手すり・巾木・(手すりと巾木の間に)中桟の設置等が求められる。(ただし劇場等演出空間における作業床の要件については、特に法令には示されていない)

また、作業床であっても高所においては、墜落制止用器具を使用し安全を確保できるよう、環境を整えておくことが必要である。

3 高所作業

安全ブロックについて

正式名称を「リトラクタ式墜落阻止器具」といい、「セーフティブロック」とも呼ばれる。作業者がはしごなどを昇降する際に、墜落を防止するために使用される器具。ゆっくりとワイヤー（あるいはベルト）を引き出すとブレーキが掛からないが、一気に引くとロックが掛かる仕組みになっている。作業者が足を踏み外して落下した際、瞬時に安全ブロックのワイヤーがロックされて引き出しが止まり、落下距離を最小限に抑える。

　安全ブロックは、墜落制止用器具のD環、O環など本体あるいは専用の連結ベルトに掛けること。落下した際、ショックアブソーバが展開して落下距離が長くなるため、ランヤード（命綱）先端のフックに掛けてはならない。

胸にD環を付けるタイプの場合

安全ブロック
（**セーフティブロック**）

墜落制止用器具の連結ベルトやD環に安全ブロックのフックを取り付けて使用。

レストレイントのイメージ

ロープ等のフッキングポイントは近くの堅固な構造物につくり、作業位置よりも高い位置に取ることに留意。

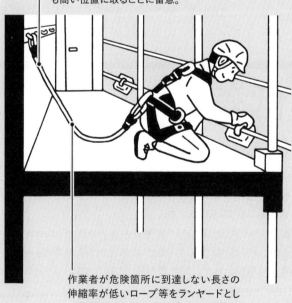

作業者が危険箇所に到達しない長さの伸縮率が低いロープ等をランヤードとして使用する。ショックアブソーバ付きランヤードは、衝撃により伸長の可能性があるため使用してはならない。〈p.054「ショックアブソーバ」の解説を参照〉

レストレイントとは？

レストレイントとは、「抑制」「制限」「拘束」といった意味で、墜落制止用器具を着用した作業者とフッキングポイントの間をロープやスリング等でつなぎ、作業者自身が危険箇所に近寄らないように（行動を）制限し、墜落を防ぐことを指す。

09 | スノコ作業

作業内容について、必ず施設側の了解を得た上で、また施設側技術者の立ち会いの下、施設
の諸設備に影響を与えないよう、配慮して作業をおこなわなければならない。

**スノコ作業を周知し、
直下作業の回避に努める。**

▶公演側・施設側双方のスタッフに、スノコ作業をおこなっていることを周知する。

▶スノコ作業中は、作業がおこなわれている区域の舞台面をパイロン（カラーコーン）とガードバーなどで明示して立ち入りを制限し、そこでは作業をおこなわないよう努める。その周辺の作業員は、飛来対策として保護帽（ヘルメット）を必ず着用し、リスクの軽減を図る。

**スノコ作業中の吊物機構運転は、
原則禁止。**

▶舞台吊物機構の吊りワイヤーなどに接触し、重大事故を引き起こす危険をはらんでいるため、スノコ作業中の吊物機構運転は、原則としておこなわない。（二重スノコを備え、かつ作業空間を分けられる場合には、舞台技術業務監督者［＝公演側 安全衛生管理者］の指示の下、おこなう場合がある）

携帯物には落下防止を施す。

▶必要のない物品を携帯せず、作業に必要な工具等には、ワイヤーなどの落下防止対策を施す。施設側は、携帯物の落下事故を防ぐために、携帯物を一時置きする場所を用意することが望ましい。

10 | 大きな高低差

**高低差のある場所が
視認できるように明示し、
墜落や転倒のリスクを軽減する。**

▶高台の台端や切り穴開口部分には、それを明示する措置をおこない、墜落や転倒のリスクを軽減する。

▶高低差が少ない場合でも、つまずいて大きな怪我につながる場合があるので、明示しておくこと。

▶（オーケストラピットなどの）高低差がある状態で1日の作業を終える場合や作業監視者が一時的に不在になる場合は、その公演業務に直接関わらない関係者が誤って進入しないよう対策する。

保護帽（ヘルメット）を着用する。

▶墜落や転倒による大きなダメージが想定される場合、作業員は必ず、保護帽（ヘルメット）を着用する。

11 │ 高所作業台を使用する作業

アウトリガーを必ず取り付ける。

▶高所作業台の使用時は、転倒防止策としてアウトリガーを必ず取り付ける。

**台上の作業員は、必ず
墜落制止用器具と、
保護帽（ヘルメット）を着用する。**

▶高所作業台上の作業員は、必ず作業をおこなう高さに応じた墜落制止用器具を装着し、作業台上からの墜落防止を図る。また保護帽（ヘルメット）を必ず着用する（墜落制止用器具のランヤード［命綱］フッキングは、作業台にフッキングするのが基本であるが、近くの堅固な構造物がある場合には、そこにフッキングし、リスクの軽減を図る）

**高所作業直下での作業は
おこなわない。補助作業員は、
必ず保護帽（ヘルメット）を着用する。**

▶高所作業がおこなわれている直下での作業はおこなわない。そこに近寄る可能性のある補助作業員は、必ず保護帽（ヘルメット）を着用する。

**作業員の乗った高所作業台は
上昇させたままでの移動を
おこなわない。**

▶作業員の乗った高所作業台が上昇したままでの移動は、転倒や作業員墜落の危険が大きいため、おこなわない。

**移動の際、転倒に注意し、
障害物のある床面、
段差や傾斜上では、使用しない。**

▶移動をおこなう際、特に方向転換（コマ返し）の際には、転倒に十分注意すること。障害物のある床面、段差や傾斜のある場所においては、使用しない。

▶移動は、必ず作業灯をつけ明るい状態でおこなう。

高所作業者の指示を優先する。

▶高所作業時は、高所作業者の指示を優先すること。

**各種高所作業台の特性に応じた
取り扱いをおこなう。**

▶組み上げ型の作業台（ローリングタワー等）に関して、

・作業員が乗ったままの移動は、禁じられており、おこなわない。

・ローリングタワー等には、墜落の危険を軽減するために、十分な広さの足場、手すり、巾木を設置する。

・ローリングタワー等に上り下りする場合には、階段などより安全な昇降経路を設けることが望ましい。はしごなどを使って上り下りする場合には、安全ブロックを使用するなどして、墜落防止を図る。

▶他、取り扱いについては、各高所作業台の取扱説明書に準じる。

12 | 脚立を使用する作業

脚立を使用する際、基準となる床から2m以上の高さで作業する場合は高所作業となり、安全対策が求められる。2m未満であっても十分に安全に配慮すること。また、作業員は保護帽（ヘルメット）を着用する。

適切な脚立を準備し維持管理をおこなう。

▶作業に応じた脚立を準備する。

▶脚立を管理する者は、正常に機能するよう維持管理する。

脚立を正しく使用する。

▶脚立の天板に立っての作業は、転倒や転落の危険が著しく増すため、おこなわない。

▶1つの脚立に複数名の作業員が同時に乗って作業をおこなわない。

▶作業員は三点支持を心掛け、無理な体勢で作業をおこなわない。

▶傾斜している床面や段差で脚立を使用する場合、脚が伸縮して調整できる脚立を使用する、あるいは堅固な置き台などで、水平面に準じた設置環境を確保して使用する。

▶その他、脚立の取扱説明書に則り、正しい使用方法で使用する。

状況に応じて補助作業員の設置や転落防止措置をおこなう。

▶180cmタイプ（いわゆる6尺脚立）以上の高さの脚立を使用する場合は、脚立を支える補助作業員とともに作業をおこなうこと。また補助作業員も、保護帽（ヘルメット）を着用する。

▶240cmタイプ以上の脚立使用の場合、脚立を支える補助作業員を両側（2名以上）に増やして、リスク軽減を図る。

▶作業員が、基準となる床から2m以上の高さで作業する場合、墜落制止用器具を装着し、フッキングポイントは近くの堅固な構造物に設け、安全ブロックを使用するなど有効な転落防止措置を講じる。

脚立の正しい使用例
左｜90cmタイプを使用した場合
右｜段差のあるところで240cmタイプを使用した場合

脚立作業の三点支持

脚立における「三点支持」とは通常、両手、両足の4点のうち3点により身体を支えることを指すが、身体の重心を脚立にあずける場合も、両足と併せて三点支持となる。具体的には、高さ210cm以下の脚立では天板から2段目までの高さに作業者の両足が（天板を跨がずに）ある場合、三点支持として有効となる。また、高さ210cm以上の場合は天板から3段目までなら三点支持となる。

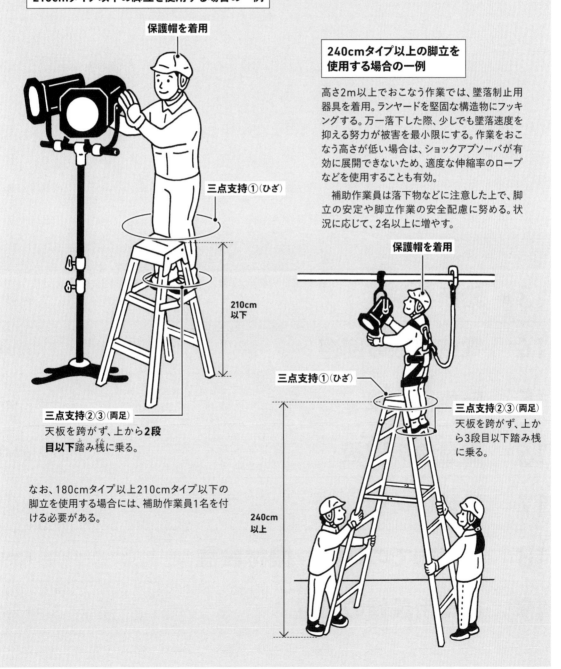

210cmタイプ以下の脚立を使用する場合の一例

保護帽を着用

三点支持①（ひざ）

210cm
以下

三点支持②③（両足）
天板を跨がず、上から2段
目以下踏み桟に乗る。

なお、180cmタイプ以上210cmタイプ以下の脚立を使用する場合には、補助作業員1名を付ける必要がある。

240cmタイプ以上の脚立を使用する場合の一例

高さ2m以上でおこなう作業では、墜落制止用器具を着用。ランヤードを堅固な構造物にフッキングする。万一落下した際、少しでも墜落速度を抑える努力が被害を最小限にする。作業をおこなう高さが低い場合は、ショックアブソーバが有効に展開できないため、適度な伸縮率のロープなどを使用することも有効。

補助作業員は落下物などに注意した上で、脚立の安定や脚立作業の安全配慮に努める。状況に応じて、2名以上に増やす。

保護帽を着用

三点支持①（ひざ）

三点支持②③（両足）
天板を跨がず、上から3段目以下踏み桟に乗る。

240cm
以上

4 危険回避に必要な配慮

13 | 暗所作業

すべての作業は、十分な明るさを確保しておこなうことが基本であるが、舞台上や客席において
は、照明あるいは映像演出実現のために、暗所での作業が必要になる場合がある。そこで、演
出効果を妨げないように、しかし安全上必要な照度を確保する取り組みが必要となる。

**危険が察知された場合には、即座に
作業灯が点灯できるよう図る。**

▶演出効果実現のために暗所となる場所においても、危険が察
知された場合には、即座に十分な作業灯が点灯できるように図る。

**出演者・スタッフにとって
危険な暗所には、必要な補助措置を
講じて、注意喚起する。**

▶暗所（舞台袖、ホリゾント裏、大道具構造物の内部）など、出演者やス
タッフにとって危険箇所となる場所（段差、衝突の可能性のある構造
物・設置物）には、蓄光テープや足下灯などを設置して注意を促す。
状況によっては作業灯などを調光して、危険のない明るさで作業
をおこなう。

**施設は、十分な作業灯のない
状況で作業員が立ち入る
可能性がある箇所には、危険を
回避できるような措置を講じる。**

▶施設側は、フライギャラリーやシーリングなど、十分な作業灯の
ない状況で作業や往来がおこなわれる場所には、案内板などを
設置し注意を促すとともに、足下灯やチューブライトなどで作業員
が危険を回避できるような措置を講じる。また、公演側スタッフに
危険性を周知し注意喚起をおこなう。

**暗所の危険性の
周知・注意喚起をおこなう。**

▶関係者以外の立ち入りを制限する。

▶暗所作業は、複数のスタッフでチームを組み、周りの状況に注
意を払っておこなう。

▶暗所作業をおこなう場合、作業前に作業箇所を点検し、作業手
順、作業環境を考慮して、安全な状況を確保しておく。

▶照明・映像の調整作業中には、客席全体が暗所となるため、安
全に作業および往来をおこなえるよう配慮し、周知・注意喚起する。

チューブライトの使用例

作業灯を点灯できない状況に
おいて、床面開口部や段差を
明示するために用いる。

14 | 電気事故の回避

短絡・過負荷・漏電・感電、それらに起因する電気火災などの電気事故を回避するために、電源盤の負荷容量、配線ケーブルの許容容量に留意するとともに、過電流遮断機の設置、コネクター、ケーブル、機器のメンテナンス等の運用に当たり、以下の指針等を遵守しおこなうこと。

・劇場等演出空間電気設備指針（2014）
・演出空間仮設電気設備指針（2006）

各指針については、2-5「電気設備指針の概要」〈→p.136〉を参照のこと。
以下には、主な安全措置を挙げる。

2-5「電気設備指針の概要」〈→p.136〉

使用するケーブルや機器・器具の確認点検をおこなう。

▶使用するケーブルや機器・器具は、日頃から点検をおこない、接続部の破損、充電部が露出しているものや絶縁抵抗の悪いものは使用しない。（日常点検）

短絡・過負荷・漏電防止策を講じる。

▶接続したコンセントの負荷容量および配線ケーブルの許容電流に適合した過電流遮断器（ブレーカー）を各負荷回路に設置する。

▶仕込み回路と接続機器が確実に接続されているか、通電前に確認する。

▶通電前は必要に応じ、絶縁抵抗の測定をおこなう。

▶電気回路には、漏電ブレーカー（ELCB）を設置する。

▶施設側は、電気回路への通電中に、漏れ電流を監視できるよう体制を構築する。

感電事故防止策を講じる。

▶露出充電部のないようにする。

▶通電中の充電部の作業は禁止する。また張り紙等で通電中であることを周知する。

▶必要に応じ、身体を露出（接触）させないよう、所定の性能を持つ電気工事用のヘルメット、作業服、手袋、ゴム靴等を着用する。

▶機器ケースおよび電気機器を取り付けた金属部は、必ず接地（アース）する。

適切なケーブル処理をおこなう。

▶配線ケーブルが集中しているところは隙間をつくり、放熱を促進する。また、ドラム巻き状態では使用しない。

▶人や物の動線となる部分はケーブルの保護を考慮し、状況に応じて、より安全な配線をおこなう。

▶各機材の取扱説明書を参照、遵守する。

▶仮設用分電盤を使用する場合には、施設側の指示に従う。また、端子台のように電源部が露出している部分から電源を取り出す場合は、電気工事士資格者が作業する。

さらに詳しく

電気火災

誤配線、接続端子の緩み、傷付いたケーブルや不良機器機材の使用、絶縁が低下して漏電が発生した場合などにより、その欠陥箇所が加熱し、または短絡（ショート）して発火し、火災発生の原因となる。

15 | 転倒防止策

重心の高い、床に固定できない設置物には、必ず転倒防止策を講じる。

▶重心の高い設置物で床面に固定できないもの（例えば、照明のハイスタンド、スピーカースタンド等）には、必ず転倒防止策を講じること。脚元を砂袋などで押さえる他に、上空や近くの固定物にワイヤーやロープを掛けることが有効である。

▶スタンド類は、高さによって許容荷重が異なるため、仕様を確認して適切に使用すること。伸縮する機材については、特に注意を払う。

高い自立物は、床に固定されていても、上空から転倒防止策を講じる。

▶照明ブームトラスのように、数メートルを超える自立物には、床面に固定がなされていたとしても、スノコなど上空からワイヤーで転倒防止策を講じる。

スタッキングスピーカーは、転倒や落下の防止を万全に図る。

▶舞台前部に設置されることの多いスタッキングスピーカーは、スピーカー同士の結束と堅固な構造物への結束をおこない、転倒や落下の防止を万全に図る。

16 | 重量物の取扱

不慮の事故を防ぐために、安全靴を着用する。

▶重量物（鉄骨大道具や大型機材）を扱う際には、安全靴の着用をおこない、不慮の事故を防ぐ。

適切な人員と機材をあらかじめ準備し、無理のない計画をおこなう。

▶重量物を扱うために必要な人員、スペース、器具（台車、吊り上げ機材、ハンドパレット等）を、あらかじめ想定して準備し、決して無理が生じないよう配慮して、作業に臨む。

▶フォークリフト、クレーンの運転操作などは、法令で定める資格を持つ者のみがおこなう。

17 ｜ 動線の確保

**搬入・解体・搬出時の
仮置き計画は、全体で整理し
共有する。**

▶搬入の際、また解体・搬出の際に、各セクションの大道具や機材をどこに仮置きするのか、スペースの配分を全体で整理すること。

▶仮置きであっても、非常用設備の機能を妨げないよう、配慮する。

**舞台袖への機材設置、
ケーブル配線は、通行の安全や
自由度に配慮しおこなう。**

▶舞台袖への機材設置は、出演者や可動大道具などの動きを考慮に入れ、通行の安全や自由度を損なわないように、十分に配慮し、適切におこなう。

▶ケーブル類の配線は、出演者、スタッフ、観客、可動大道具などの動きを考慮に入れ、安全や動きの自由度を損なわないように、十分に配慮し、適切な方法を取る必要がある。ケーブルをピックアップし空中配線することや、通線溝の使用などを積極的に検討する。空中配線をおこなう場合には、通行や物の移動の障害にならないよう配慮する。

▶ケーブル類を床面に敷設する場合には、ゴムマット、ケーブルジャケットなどでケーブルを養生（カバー）し、通行の安全を図る。

**舞台上および舞台袖では、
必要に応じて、衝突防止策を取る。**

▶舞台上に、機材スタンド等を設置する場合、転倒防止策に加え、近辺の動線に配慮し、特に他の設置物等で隠れるような場合には、目印等で危険を周知する。（衝突防止策）

ケーブルジャケットの使用例
通行導線上において床面に敷設されたケーブルを養生（カバー）するために用いる。

18 | 客席内での作業、機材設置

本来観客が鑑賞するための空間である客席を、舞台演出や、照明、音響などの調整卓の設置などで使用する場合には、観客の動線と舞台観賞の妨げにならないように十分に検討し配慮しなければならない。事前、仕込み作業中、仕込み完了時の各プロセスにおいて、施設管理者および公演制作者と、確認を取り合うこと。

オペレートブースを設置する場合、近接する客席に配慮し、機器設置をおこなう。

▶ **照明、音響、映像などのオペレートブースを設置する場合、**

- 調整卓等を載せる台は重量や寸法を考慮し、適切なものを使用すること。また、観客への飛来や転倒防止など安全配慮について十分検討し、設置する。
- 客席床面、客席椅子を傷付けないように、必要に応じて養生をおこなう。
- 観客に近い場所に設置するため、機器については、騒音や光、ファンからの排出熱などを十分に検討し、鑑賞の邪魔にならないよう配慮する。

スタンドやイントレなどを利用し機材設置をする場合、転倒防止策、囲いの設置、監視員などを検討する。

▶ **スタンドやイントレなどを利用して、機材を設置する場合、**

- 客席床に固定することは難しいので、転倒防止策を十分に検討し、設置する。
- 観客が触れて危険のないように、また演出効果を損なわないように、囲いを設ける、監視員を置くなどの措置を講じる。

配線ケーブルを設置する場合、観客動線 (避難動線を含む) **に十分な配慮をおこなう。**

▶ **客席内に配線ケーブルを設置する場合、**

- 施設側の指示に従い、観客の避難動線を十分考慮して、原則としては観客動線 (避難動線を含む) を横切らないように配線する。
- 横切らなければならない時は、コード類が重ならないように固定し、踏まれても乱れないようにマット等でカバーする。あるいはケーブルジャケットを使用するなどして、通行や避難の妨げにならないよう措置する。
- 出入口付近では、迂回フック (空中配線)、通線溝等を利用する。施設側は、これらの配線用の設備を検討する。

張り出し舞台や仮設客席を設置する場合、火災予防条例や関連法規を遵守して計画する。

▶ **張り出し舞台を設置する場合、**

- 施設と十分な打ち合わせをおこない、関連法令や消防署の指示に従って、観客の避難動線に影響がないように十分検討し、設置する。
- 客席床面、客席椅子を傷付けないように、必要に応じ養生をおこなう。
- 鑑賞の邪魔にならないように十分配慮する。

▶ **客席形状を変更して使用する場合、仮設客席をつくる場合、**

- 避難動線や、施設の定員数などを検討しプランを立てる。
- 舞台から客席最前列までの距離、通路の幅、椅子等の寸法、列間距離、連続できる席数など、各自治体の火災予防条例に定められた基準を守り、計画する。
- 客席を大規模に変更する場合には、避難誘導に関する、より専門的な検証が必要となる。
- 関連法令や消防署の指示に従い、避難誘導灯、足下灯の仮設設置をおこなう。
- 施設と十分な打ち合わせをおこなう。

使用できない座席が生じる場合、事前に公演制作者との情報共有をおこなう。

▶ 機材設置や張り出し舞台設置により、使用できない座席が生じる場合には、チケット売り出し前に、事前に公演制作者と十分打ち合わせをしておく必要がある。

所轄公機関への変更届等について、確認・対応する。

▶ 客席形状の変更が必要な場合、所轄公機関（消防署等）への変更届等が必要となる場合があるので、確認の上、適切に対応する。

客席全体が暗所となる作業中には、安全のための配慮と注意喚起をおこなう。

▶ 照明、映像の調整作業中には、客席全体が暗所となるため、安全に作業および往来をおこなえるよう配慮し、注意喚起を実施する。

客席上空での機材設置

客席上空での機材設置に際しては、入念に落下防止策を講じ、また必要に応じて揺れ止め措置を講じる。

▶ 客席上空での機材設置について、

- 客席に直接落下する恐れのある箇所における機材やケーブル等の設置は、特に注意を払い、落下防止策を講じる。
- 客席上のバトンや仮設トラスなどは、使用する高さで、揺れ止め措置を講じることが望ましい。

施設は、客席の常設機材の点検を定期的におこない、注意を払う。

▶ 施設側は、客席に直接落下する恐れのある箇所の常設機材の点検を定期的におこない、経年劣化による破損が起きないよう、注意を払う。

19 | 非常用設備の尊重

**許可なく避難誘導灯、
足下灯を消灯しない。**

▶むやみに避難誘導灯、足下灯を消灯しない（公演中の避難誘導灯
一時消灯については、2-3「危機管理」〈→p.118〉を参照）。

**防火シャッターの機能を損なう
物品の設置はおこなわない。**

▶防火シャッターを備える施設においては、防火シャッターの機
能を損なう固定大道具や固定機材の設置はおこなえない。防火
シャッターの機能に影響を与える可能性のある場合には、施設の
舞台技術管理責任者（＝施設側 安全衛生管理者）の指導に従って措
置する。

**避難通路口、防火扉、消火栓、
消火器の位置を把握し、
その前を塞がない。**

▶避難通路口、防火扉、消火栓、消火器の使用の妨げになるよう
な物品の設置をおこなわない。

▶施設側スタッフは、常設された消火器や消火栓などの場所を頭
に入れておき、非常の際には公演側スタッフに適切な指示をおこ
なう。

**スプリンクラーの機能を損なう
物品の設置はおこなわない。**

▶施設各所に設置されたスプリンクラーの機能を損なうような大
道具などの設置はおこなわない。

**防火区画の確保を尊重し、
施設を使用する。**

▶各施設に定められた防火区画を確保するため、客席扉を常開
で使用することは禁止されている。よって、演出効果のため客席か
ら登退場をするケースでも、必ず担当スタッフを配置し、防火区画
を確保する必要がある。

4 危険回避に必要な配慮

5 その他の
留意事項

20｜消防法における「禁止行為」

各自治体には、消防法に則って、火災予防条例が定められており、そこには、不特定多数の人が使う建物内において禁止されている行為（＝「禁止行為」）がある。公演制作現場が関係する「禁止行為」とは、不特定多数の人が出入りする一定規模の場所でおこなわれる《喫煙・裸火の使用・危険物品の持込み》の3つである。

　演出効果上の理由により、その行為を舞台上でおこないたい場合には、必ず消防署に願い出て許可を得なければならない。（＝禁止行為解除申請）

消防署への申請は、施設の了解を得ておこなう。

▶「禁止行為」解除申請をおこなう際には、消防署への申請に先立ち、必ず施設の了解を得ること。

当日現場においても、行為に先立ち、必ず施設側スタッフに申し出る。

▶「禁止行為」をおこなう際には、当日現場において、必ず行為に先立ち、施設側スタッフに申し出る。

舞台監督は、常に行為を把握し、防火措置を講じ、監視をおこなう。

▶「禁止行為」に際しては、舞台監督は、誰がいつどこで「行為」するのか、を把握し、消火器・水バケツの設置や監視員の配置など、防火上必要な措置を講じた上で、監視をおこなう。舞台技術管理責任者（＝施設側 安全衛生管理者）は、舞台監督から情報を得て、必要な措置がおこなわれているか監督する。

大道具は、防炎性能の認められたものを使用する。

▶舞台上で使用する大道具については、防炎性能の認められたものを使用する。

危険物は、必要最小限のみを持ち込み、火気のない場所で厳重に保管する。

▶危険物（スモークオイル、その他油類、ろうそく、火薬類等）については、必要最小限のみを持ち込み、火気のない場所で厳重に保管する。

▶スモークマシンには、ウォーターベースの専用液を使うものと、オイルベースの専用液を使うものとがあり、オイルベースの専用液は危険物に当たるため、使用の際には、禁止行為解除申請が必要となる。

21 | 特殊演出等

5
その他の留意事項

特殊効果、特殊演出をおこなう際には、潜む危険を認識し、安全措置を図る。

▶出演者、スタッフ、観客、また施設に、どのような危険が生じうるのか、リスクアセスメントを徹底し、危険の回避、また軽減のための対策を講じる。

▶危険の回避・軽減のために、公演中だけでなく、公演前後の作業・点検における作業手順および安全確認の周知徹底を図る。

レーザー演出の危険に留意する。

▶レーザー機器は、人体（主に目）に危害を及ぼす可能性がある。レーザー演出をおこなう場合、「LASA安全基準」を順守すること。適正な教育を受け確実な技術と豊富な経験を持つ「レーザー安全管理者」の下、管理区域を設けて使用することが求められる。使用に際して専門技術者を必要としない、簡易に入手できる小型軽量の機器であっても同様に危害を及ぼす可能性があるため、その性能（出力）を確認し安全確保に必要な措置を講じた上で、使用あるいは使用の許可をおこなう。

▶レーザー光源のプロジェクターの使用においては、近距離で投影光線が目に入ることのないように配慮する。

▶暗視カメラやITVカメラ等、施設の設備に干渉しないよう留意する。

ワイヤレス演出機器やドローンの使用に関しては、法令を遵守し、施設等の了解の上でおこなう。

▶ワイヤレス演出機器は、日本の法令に則った機器（技適マーク付き）を使用すること。また、使用する施設側と電波干渉に関しての確認をとること。

▶ドローンに関して、施設建物内での使用は、法的には申請など必要はないが、施設や公演のための設置物、観客への影響を十分に考慮し、事前に使用の可否の確認を施設側へおこなうこと。また、屋外で使用する場合は、国土交通省が出している法令に則って、機体の登録や申請などをおこなった上で、使用すること。

本水・土砂などの使用の際には、最大限の配慮をおこなう。

▶本水や砂・土などを使用する際には、原状復帰できるよう、また不測の事態も考慮して最大限の配慮で養生をおこなう。

22 | 車両の取扱

**法令を遵守し、交通労働災害の
防止に努める。**

▶搬入出などに関わり自動車運転に従事する者は、法令を遵守する。また舞台技術業務監督者（＝公演側 安全衛生管理者）、あるいは業務をおこなう事業所は、法令の遵守を指導すると同時に、運転者の労務環境に配慮し、交通労働災害の防止を図る。

▶積み下ろし作業時には、必ず保護帽（ヘルメット）を着用する。

過積載に注意する。

▶車両の積載重量の範囲内で、積み込み・運搬をおこなう。
トラックの積載重量と積荷の重量を注意すること。

（例えば、4tトラックウイング車の積載重量は、2.5t程度である）

**ウイングやパワーゲートの
取り扱いは、
テールゲートリフターの
特別教育を受講した者に任せる。**

▶トラックのウイングやパワーゲートの操作はテールゲートリフターの特別教育を受講した者に任せる。

※パワーゲート（テールゲートリフター）の操作には、2024年2月より特別教育が義務化された。

23 | 屋外仮設舞台

**強風、雨、雪など気象状況に
対応し、作業と公演をおこなう。**

▶屋外の仮設舞台における作業および公演では、風雨、雪など気象状況の変化に対応することが必要である。

　制作業務統括者（プロデューサー等）（＝統括安全衛生責任者）および舞台技術業務監督者（＝公演側 安全衛生管理者）は、気象情報の把握をおこない、安全な作業あるいは公演が困難な状況となった場合、作業／公演の停止や中止など適切な処置を指示できる体制を整える。

▶仮設物の強度や高さ、吊物の有無によって強風への耐久力が変わってくるため、現場で専門家のアドバイスを参考にすることが望ましい。日本舞台技術安全協会（JASST）では、具体的なガイドラインを作成している。

**災害時の対応計画、連絡体制を
整える。**

▶状況に応じて、地震など予測できない災害時の対応計画、連絡体制を整える。

2-2

公演制作過程における安全作業の取り組み

ここでは、企画から仕込み・舞台稽古・公演本番、そして解体・搬出に至る、一連の公演制作過程に沿って、その各段階、各作業において安全のために注意すべき事項を述べる。また、そこでの安全衛生管理の上で主要な役割と責任について、特に列挙する。

　実演芸術の公演は、主催者や、公演制作者が企画を発意し、脚本家、作曲家への作品委嘱といった構想から始まる。そして演出家をはじめ、舞台美術、衣裳、照明、音響、映像などの各デザイナーと舞台監督といった主要スタッフが決まり、具体的な制作作業が開始される。この創作プロセスの必要な各段階において、デザインを実現するための各セクションの舞台技術者も参加し、最終段階には公演をおこなう施設の技術スタッフも含め公演が実現する。初演を迎え、公演が繰り返され、さらに巡回公演、時を経ての再演などがおこなわれる場合がある。

（公演制作者とは、制作業務統括者［プロデューサー等］［＝統括安全衛生責任者］が安全衛生の責任者として実質的に統括し、公演制作現場における制作業務を担う公演事業者を指す）

1. 企画
2. 公演準備
3. 搬入・仕込み
4. 舞台稽古
5. 公演
6. 解体・搬出

公演制作と公演のプロセス *1

巡回や再演など公演のサイクル

*1 このプロセスに要する期間は実演芸術の分野、その公演規模によって大きく異なる。演劇、ミュージカル、オペラ、バレエなどの新作は、3年前には企画が立ち上がり、作品委嘱、出演者・主要スタッフのスケジュール確保、資金調達計画、会場押さえなどの準備が進められる。クラシック音楽、能楽、歌舞伎、落語などの伝統芸能は、古典として作品が完成しており、また演者に作品がレパートリーとして定着しているため、例えば能の場合1日の申し合わせで公演を迎え、オーケストラは3日程度のリハーサルで公演を迎えるなど分野によって制作期間は大きな相違が存在する。自らが制作に関与しない施設においては、3〜6の繰り返しとなる。

1 企画

「企画」の段階における主要な役割と安全衛生管理上の責任

● 制作業務統括者（プロデューサー等）（＝統括安全衛生責任者）の果たすべき役割と責任

▶ 公演監督、各デザイナー、舞台監督、プロダクション・マネージャー、技術監督らを選任し、安全衛生計画における具体的な役割を示す。

▶ 企画に適切な施設、日程を決定する。

▶ 適切な予算、スタッフを確保する。また、予算に対して適切な計画を選択する。

▶ 施設や業者と責任を明確にした上で契約を交わす。

● 公演監督（＝演出家、振付家などのクリエイティブリーダー）の果たすべき役割と責任

▶ 芸術面でのコンセプトを提示し、そこに想定されるリスクの概要を認識し全体に共有する。

● デザイナーの果たすべき役割と責任

▶ 予算や日程、施設の条件を考慮したデザインをおこない、そのリスクを検討する。

● 舞台技術業務監督者（＝公演側 安全衛生管理者）の果たすべき役割と責任

▶ 安全衛生確保に留意した制作スケジュールを作成する。

▶ 公演監督、各デザイナー、公演側および施設側の技術スタッフの間のコミュニケーションが円滑に進むよう図る。

▶ 制作者、公演側および施設側の技術スタッフそれぞれの責任分担を明確にする。

▶ 各セクションの役割分担を明確にする。

▶ デザイナーより提示されたデザインについて、リスクアセスメントをおこなう。

● 舞台技術管理責任者（＝施設側 安全衛生管理者）の果たすべき役割と責任

▶ 公演側の求めに応じ、施設の情報を提供する。

01 | 構想立案

公演制作者は、公演監督（＝クリエイティブリーダー、演出家・振付家・音楽監督など）と作品のコンセプトを構想し、具体化していく上での骨格を定める。

　公演監督の作品のイメージを基に、以下のような準備がこの段階でおこなわれる。

・出演者のキャスティング
・主要スタッフへの依頼
・公演および公演に至る日程案、また公演をおこなう施設の決定
・予算計画の策定
・稽古場の選定

企画段階において、制作現場の安全衛生を損ないかねない日程案・予算計画を作成してはならない。

▶公演制作者は、この企画段階において、芸術的な側面や収益性の検討を進める中で、制作現場の安全衛生を損ないかねない日程案や、予算計画を作成してはならない。

02 | 契約・発注

公演制作者は、企画を基に公演条件、報酬などを提示し、各デザイナーやメインスタッフと契約・発注をおこなう。

　また、各セクションの経費見積もりのための情報を公演制作者と各デザイナー、メインスタッフは共有確認し、公演制作過程の中で内容が定まり次第、公演制作者は、各セクションの各事業者（フリーランスを含む）に契約または発注をおこなう。このプロセスは、企画から公演準備、搬入・仕込みに至るまでに、随時おこなわれる。出演者との契約・発注についても、適切におこなう。契約または発注した各セクションの各事業者が、フリーランスを含む下請け（アシスタントや現場スタッフなど）に対しおこなう契約・発注についても、公演制作現場における安全と健康が、本項に準じて適切に確保されることが求められる。

（公演制作者とは、制作業務統括者［＝統括安全衛生責任者］が安全衛生の責任者として実質的に統括し、公演制作現場における制作業務を担う公演事業者を指す）

契約書の締結、あるいは書面（メールも可）で条件等を合意し共有する。

▶契約書の締結が必要な発注内容の場合には、契約内容が一定程度定まった時点で速やかに契約書を締結する必要がある。

▶内容により、契約書を結ばない場合でも、発注時等の実働開始以前に、書面（メールも可）でその発注条件等（業務内容、報酬その他必要な事項）を双方で合意し、必ず共有する。

公演制作者は、適切な契約・発注内容を定める。

▶公演制作者は、報酬の支払いを適正な時期におこない、また一方的な値下げや業務の追加等の、優越的地位の濫用を避ける。

▶公演制作者は、ハラスメント対策を講じ、明確に共有する。

▶契約または発注をおこなう上では、下請法やフリーランス保護新法などの関連法令や、文化庁の定める『文化芸術分野の適正な契約関係構築に向けたガイドライン』などを参照し、適切な契約内容を定める必要がある。

▶広域的な感染症の流行拡大や自然災害等に起因する公演中止が発生した場合の補償の有無や取り扱いについて、当事者間で協議の上、契約書に定めることが望ましい。

公演制作者は、契約・発注に基づいて、安全衛生の確保に努める。

▶公演制作者は、契約の締結あるいは発注の確認によって、公演制作現場における被契約者・受注者の安全と健康を確保するために必要な措置を講じる義務を負う。特に過剰な長時間労働や連続勤務は避けなければならない。

▶公演制作者は、自らが加入している損害保険等の内容や支払条件についてあらかじめ確認し、公演制作現場に関する傷害保険等の追加について検討する。フリーランスに関しては、労災特別加入の有無について、留意する。

右記ガイドライン等を参照し、適切な契約・発注に努める。

▶**文化庁『文化芸術分野の舞台技術スタッフのための適正な契約関係構築に向けたガイドライン』**

www.bunka.go.jp/seisaku/bunka_gyosei/kibankyoka/kenshukai/pdf/93886401_02.pdf

▶**令和4年度文化庁委託事業「芸術家等実務研修会」『劇場・音楽堂等契約実務ガイドブック』**

（編集・発行：公益社団法人全国公立文化施設協会）

www.zenkoubun.jp/support/pdf/etc_agreement_guidebook.pdf

03 | 企画の具体化

企画された作品イメージは、継続的におこなうプロダクションミーティング（スタッフ会議）において、以下のようなプロセスで具体的に計画されていく。

- ### 1. 演出意図の共有
  公演監督は、公演制作者とともに、各デザイナーに作品のコンセプトを提示し、共有を図る。

- ### 2. デザインの提案
  各デザイナーは、そのコンセプトを基に、具体的なデザイン案を公演監督に提案する。多くの場合、最初に、舞台美術あるいは空間デザインの提案が、スケッチや模型を用いておこなわれる。

  公演監督は、それを受け、演出（創作）プランをより具体的にしていく。

- ### 3. 公演をおこなう施設の情報を収集する
  施設側が公演（プロダクション）側に提供すべき主な資料について、次ページを参照。

- ### 4. 舞台美術／空間デザインの具体化
  舞台美術／空間デザイン案に基づき、平面図・断面図などの図面を作成し、各セクションと共有するとともに、安全に関わる検討を始める。

- ### 5. 制作スケジュールの策定および調整
  企画初期段階での日程案を基に、稽古期間、劇場入りから初日、千秋楽（および旅公演／ツアー）にわたる具体的なスケジュールを策定する。演出プランや舞台美術／空間デザイン案と照らし合わせ、安全衛生管理上無理のないものであるよう、検討および調整をおこなう。

- ### 6. 予算計画の調整・更新
  公演に必要な予算と人員について、計画を調整・更新する。

  公演準備に際し、デザイン案が予算に見合わず調整の及ばない場合には、その乖離によって現場での安全の確保が困難となる。こうした事態をあらかじめ回避するために、予算計画とデザインの調整をおこなう。また、人員についての手配をおこなう。

施設から公演団体／施設利用者に提供し、共有しなければいけない主要な情報

施設は、現況に即した正確な平面図・断面図、その他下記の資料を公演団体／施設利用者に
必要に応じて遅延なく提供できるよう、準備しなければならない。

□ 劇場平面図・断面図（ともに、舞台エリアのみのものと、客席を含んだもの）〈→ p.164 ～ 167 を参照〉

□ 舞台機構（吊物機構、床機構）のスペック（速度、荷重条件など）および運転に際してのルール

□ 照明・音響・映像の電源容量、回路図、基本仕込み（常設仕込み）図、運用ルール

□ 舞台・照明・音響・映像・楽器などの各備品リスト

□ 舞台技術設備および備品（付帯設備）の使用に関わる料金の情報

□ 仮設機構用動力電源に関する情報

□ 本舞台連絡設備（インカム、映像モニターなど）に関する情報

□ 客席内での機材設置に関する情報

□ 搬入出条件、搬入出経路資料

□ 中継車・電源車の入構・駐車に関する情報

□ 楽屋など諸室に関する情報

□ 入退館のルール

□ 施設の安全基準（緊急時を含む安全衛生確保のためのルール）

□ 施設の打ち合わせ担当者・進め方に関する情報

公演団体／施設利用者が施設と共有しなければいけない初期情報

□ タイトル、公演の概要（ジャンル、出演者数など）

□ 主催団体・代表者および制作業務統括者（プロデューサー等）（公演制作現場における制作業務を実質的に統括管理する安全衛生
の責任者＝統括安全衛生責任者）

□ 施設使用期間（仕込み・公演・解体日程）

□ 主要スタッフ名簿（コンタクトシート）

2 公演準備

「公演準備」の段階における主要な役割と安全衛生管理上の責任

🔘 制作業務統括者（プロデューサー等）（＝統括安全衛生責任者）の果たすべき役割と責任

▶ 公演監督、各デザイナーの計画が、予算や日程などの諸条件と合致しているかに注意を払い、安全に公演を実現するために、適切な助言あるいは指示をおこなう。また、場合によっては、予算や日程などの諸条件の調整を図る。

▶ 舞台監督、プロダクション・マネージャー、技術監督らが担う舞台技術業務監督者（＝公演側 安全衛生管理者）の安全衛生確保の取り組みを理解し、その効果が最大限となるよう、適切な協力・助言あるいは指示をおこなう。また、場合によっては、予算や日程などの諸条件の調整を図る。

🔘 舞台技術業務監督者（＝公演側 安全衛生管理者）の果たすべき役割と責任

▶ 安全に留意して、劇場入り以降のタイムスケジュール（プロダクション・スケジュール）を作成する。

▶ 必要な情報をまとめ、施設と打ち合わせを実施し、仕込み、舞台稽古、公演が円滑かつ安全におこなえるよう図る。

▶ 仕込み内容全体に対し、最終的なリスクアセスメントをおこなう。

▶ 必要な機材、大道具などを安全に搬入する準備をおこなう。

▶ 関係公機関への届け出書類を準備し、提出する。

🔘 舞台監督の果たすべき役割と責任

▶ 稽古に関わる全関係者の安全衛生を確保する。

▶ 稽古スケジュールを作成・管理する。（演出助手等が担う場合もある）

▶ 場面転換など公演の進行について把握し、転換表の作成などにより全体に情報共有を図る。

🔘 公演監督（＝演出家、振付家などのクリエイティブリーダー）の果たすべき役割と責任

▶ 全関係者の安全を考慮し、創作をおこない、稽古を演出助手等と進行する。

🔘 デザイナーの果たすべき役割と責任

▶ 予算や日程、施設の条件を考慮してデザインを確定させる。

🔘 舞台技術管理責任者（＝施設側 安全衛生管理者）の果たすべき役割と責任

▶ 公演側の求めに応じ、必要な施設の情報を提供する。

▶ 公演側からの情報によって、作業内容と公演内容を把握し、安全に作業および公演がおこなえるよう図る。

01 │ 稽古場における稽古（リハーサル）

公演団体（プロダクション）は、その作品制作のジャンルや規模によって、稽古（リハーサル）の目的・期間・進め方は異なり、その形態は多岐にわたる。仕込みから舞台稽古を経て公演に至るプロセスを安全かつより質の高いものとするために、稽古場において稽古（リハーサル）をおこなうことは、極めて重要なプロセスであり、その進捗に合わせて実施されるプロダクションミーティング（スタッフ会議）によって、公演の内容が定まっていく。

諸条件に合わせた稽古場を計画する。

▶公演団体は、演出プランに合わせ、また予算、稽古期間、稽古場の条件などの諸条件に合わせて計画を立て、必要に応じた内容の稽古場仕込みをおこなう。

▶稽古場での舞台装置の扱いについては、以下の場合がある。
・本番用大道具を模した簡易な稽古場道具を使用
・公演本番用大道具を使用
・バミリ（マーキング）のみでおこなう

舞台監督は、必要な説明をおこなう。

▶舞台監督は、稽古場の状況について、出演者に説明をおこない、稽古場での注意点、本番に向けての注意点を伝える。

▶小道具、衣裳などは、初期段階では稽古用のものが準備され、やがて本番用のものに差し替えられる。

▶音響については、稽古に必要な音楽・効果音などの再生、また生演奏の含まれる演目ではPAのために、必要に応じたシステムの仕込みをおこなう。

無理のないスケジュールを立て、稽古場における安全衛生管理に努める。

▶稽古場の準備作業（稽古場仕込み）と運営（日々の稽古）については、劇場入りして以降の搬入・仕込みから解体・搬出に至るプロセスと同様の注意を払い、公演制作者も積極的に関与して、安全衛生管理に努めなければならない。
また、安全衛生確保のために、施設との打ち合わせが必要であること、無理のないスケジュールの立案と実行が不可欠であることについても、劇場入り以降のプロセスと同様である。

稽古場の進行例

ジャンルや規模によって異なる進め方について、代表的な例を挙げる。

［演劇の場合］

顔合わせ ▶ 本読み ▶立ち稽古 ▶ 通し稽古

［ミュージカルの場合］

顔合わせ ▶ 歌稽古／振り付け ▶ 本読み ▶ 立ち稽古／バンドリハーサル（オケリハ）
▶ 合わせ稽古 ▶ 通し稽古

［オペラの場合］

キックオフ ▶ 音楽稽古（ピアノ付稽古）▶ 立ち稽古（ピアノ付稽古）▶ オーケストラ稽古
▶ オーケストラ付稽古

［コンサートの場合］

バンドリハーサル／ステージング ▶ （仮組みした装置・照明・音響・映像などを使った）ゲネプロ

02 | 情報の整理・共有・発信

安全に作業を進めるためには、公演団体／施設利用者の各セクション間での、また施設側との、情報共有が必須である。稽古場における稽古と、その進捗に合わせて実施されるプロダクションミーティング（スタッフ会議）においては、次のような検討とその整理がおこなわれる。

　それらは、様々な図面・表などの書類にまとめられ、公演団体内での情報共有と、公演をおこなう施設との打ち合わせのための資料となる。

1. 安全衛生管理に関する主要な役割を誰が担うのか、公演側（プロダクション）全体で確認共有する。

- ▶安全衛生管理体制図を作成する。〈→p.023を参照〉
- ▶以下の役割を誰が担うのか確認共有する。
  - ・舞台技術業務監督者（＝公演側 安全衛生管理者）
  - ・各セクションの作業責任者（＝安全衛生責任者）
- ▶スタッフ名簿（コンタクトシート）を作成する。

2. 舞台デザインに則った大道具レイアウトが、演出の意図に沿い、かつ安全に公演をおこなえるか検証する。

- ▶舞台平面図・断面図を作成する。
- ▶照明、音響、映像などの各セクションのデザイン／プランの基となる。

3. 照明、音響、映像などセクションごとにラフ仕込みプランを検討する。

- ▶セクションごとのきっかけ（キュー）と総合し検討する。
- ▶舞台平面図・断面図と統合し、安全上の問題がないか、また十分な効果が得られるかを検討し、調整をおこなう。

4. 上記の検討を経て、予算条件とも最終的な調整がおこなわれ、道具帳を基に大道具の発注内容を確定する。

- ▶安全な公演に支障がない構造・材質かどうか、最終確認をおこなう。
- ▶予算上の制約から安全上の問題を軽視していないか、また仕込み時に予想される作業時間や作業人員と見合う内容のものか、最終確認をおこなう。
- ▶仕込み前に、必要に応じて製作工場などで道具調べをおこない、デザイン上の確認と同時に、安全についても確認する。規模が大きな場合には、別途施設を借りて全体仮組みをおこなうことも考慮に入れる。

5. 照明、音響、映像などセクションごとの仕込み図を作成する。

- ▶舞台平面図・断面図と統合し、安全上の問題がないか、また十分な効果が得られるかを検討し、全体平面図・断面図を作成する。また、それと相応した全セクションの吊り物が一覧できる、施設の設備に即した吊り物表（バトン割り表）〈→p.163〉を作成する。
- ▶セクションごとに、持ち込み機材の手配をおこなう。また、施設の備品の使用についてまとめる。（使用／持込機材リストの作成）

▶限られた時間で、仕込みおよび舞台稽古が安全におこなえるよう、仕込みの規模や内容に則り事前に準備する。基本的な機材準備に加えて、複雑な構造やシステムの場合には、データの仮打ち込み、あるいは実際に仮組みしてのデータ作成などをおこなうことも考慮に入れる。

6. 特殊効果などの有無について検討をおこなう。

▶喫煙や本火の使用、危険物の持ち込みが、演出効果のために求められる場合、使用状況の詳細と消火器・水バケツの設置などの対応をまとめ、施設とも協議の上、消防署に禁止行為解除申請をおこない、許可を得る。

7. 公演の内容と仕込み作業の中に、どのような危険が潜んでいるのか検討をおこなう。危険を軽減するために必要な措置を講じるよう協議し、全体で共有する。（＝リスクアセスメント）

8. 公演の進行について、場面転換、各セクションのきっかけ（キュー）、早替わりの段取りなどを含め、最終的な打ち合わせをおこなう。

▶場面転換表を作成する。

▶各セクションのキューシートを作成する。

（特に、施設の吊物機構を使用する際の吊物機構キューシートは重要である）

▶公演本番に関わる人員に見合う内容なのか、また危険を低く見積もり過ぎていないか検証する。問題を発見した場合には、劇場入りする前に解決を図る。

9. 搬入・仕込みから公演初日まで事故を防ぎ安全に進行できるよう、余裕を持った計画を立案し、タイムスケジュール（プロダクション・スケジュール）としてまとめる。

▶各セクション、公演会場となる施設、関係業者にタイムスケジュール（プロダクション・スケジュール）配付し、それぞれの立場で再確認をおこなう。

▶別途、搬入出車両リストを作成する。

▶タイムスケジュールには、以下の情報を含める。

・各セクションの搬入出車両の台数、時間、順序

・各セクションの作業に関わる人員数

・作業の順序、同時進行する場合のすみ分けおよび安全衛生管理の方法

・セクションごとの入り時間（および退出時間）

・施設の時間的条件（開館／閉館時間）

・出演者の入り時間（および退出時間）

・舞台稽古の詳細（衣裳、ヘアメイクの有無など）

03 | 公演団体と施設との打ち合わせ

施設側との情報共有をおこなう。最終情報だけでなく、経過に応じて連絡を取り合う。

▶稽古場およびプロダクションミーティング（スタッフ会議）によってまとめられた公演についての情報は、安全に作業し公演をおこなうために、公演団体／施設利用者によって適切な時機に、公演会場となる施設と共有しなければならない。

劇場入りする前に、最終情報をまとめて伝達することはもちろん、それ以前にも必要に応じて連絡を取り合い、施設の技術設備のスペックを確認することも含め、情報共有を図る。

公演内容と仕込みに関する具体的な説明により、危険の予測とその対策を共有する。

▶公演団体は、想定している公演内容とそのための仕込み作業内容を、できる限り具体的に資料にまとめ説明をおこなう。

その際には、どのような危険が見込まれ、それを軽減するためにどう対策するのか（＝リスクアセスメント）についても説明をおこなう。

施設側は内容を把握し、安全について再検証をおこなう。

▶施設側は、当日の進行がスムーズになるよう、内容を的確に把握すると同時に、十分に安全が確保されているか再検証をおこなうことが求められる。

危険を認識した場合には、安易に規制を強めることなく、危険を軽減し意図した効果が得られるよう代替策を提示するなどして、より良い公演成果を得るための安全衛生確保に努める。

▶施設側は、必要に応じて打ち合わせ表〈→p.162〉を作成し、公演の概要・安全のための留意点などを施設内で共有し、円滑な公演（施設の利用）に努める。

施設側には、安全な公演制作のための支援・助言・指導をおこなえる専門人材の配置が求められる。

▶施設を利用する公演団体は、高い専門性を有した団体からアマチュア団体まで多様であり、その安全への意識や、作業を安全におこなうための技術には、大きな差異がある。

施設側は、公演団体（＝施設利用者）に応じるための専門人材を配置し、安全な公演制作のための支援・助言や指導をおこなえる体制をとることが必要である。

緊急時対応について共有する。

▶施設側は、地震・火災など緊急時の対応の概要について、公演団体に説明し、共有を図る。公演団体は、それを踏まえ、自衛消防組織を編成し、施設側と共有する。

公演団体／施設利用者が施設に提出し、共有しなければいけない主要な情報

共有しなければいけない情報	共有するために作成し提出すべき資料
☐ 各セクションの仕込み内容、手順	**全体平面図・断面図、各セクション仕込み図・回線図、道具帳**
☐ 全セクションを総合した吊り物の情報	**吊り物表**（バトン割り表）※重量情報は必須
☐ 各セクションの持込機材、使用備品の情報	**使用／持込機材リスト**
☐ 各セクションの仮設電源設備使用の情報（電源車・発電機の使用含む）	（必要書類・資料）
☐ 仮設リギング、フライング演出の有無	（必要図面・資料）
☐ 客席変更／使用の有無（張り出し舞台、機材設置、操作ブース設置、登退場など）	（必要な場合）**防火区画変更届、催物開催届など**
☐ 本火使用や危険物持込の有無、内容と安全対策	**禁止行為解除申請書**
☐ 他 特殊効果・特殊演出（レーザー、本水など）の有無	（必要書類・資料）
☐ 公演の進行に関わる情報	**場面転換表、キューシート**、使用する施設の舞台連絡設備（インカム、映像モニター、キューライトなど）
☐ 収録・中継の情報	（必要書類・資料）
☐ 全体スケジュール	**スケジュール表**（プロダクション・スケジュール）、**公演日程表**
☐ 搬入出情報	**搬入出車両リスト**、必要な届け出書類
☐ 人員情報	**スタッフ名簿**（コンタクトシート）、**作業員名簿、出演者名簿**

3 搬入・仕込み

劇場入り〜出演者が入るまで

搬入と仕込みは、限られた時間の中で複数の作業が同時におこなわれる、公演に至るプロセスの中で最も危険な段階である。どのような危険が潜んでいるのかを全体で共有し、必要な措置を講じる必要がある（＝リスクアセスメント）。ここでの確実な作業が公演の安全に直接結び付くため、十分な準備と配慮が必要である。

　安全に仕込み作業がおこなえるように、全セクションの間で作業順序を考慮し調整する。（例えば、舞台上空の吊り込み作業をおこなってから、舞台面の構造物の仕込みをおこなう）

「搬入・仕込み」の段階における主要な役割と安全衛生管理上の責任

👤 制作業務統括者（プロデューサー等）（＝統括安全衛生責任者）の果たすべき役割と責任

▶ 公演監督、各デザイナーの計画が、予算やタイムスケジュールに則って実行されているかに注意を払い、安全を図るために、舞台技術業務監督者（＝公演側 安全衛生管理者）と協議して適切な助言あるいは指示をおこなう。

▶ 舞台監督、プロダクション・マネージャー、技術監督らが担う舞台技術業務監督者（同）の安全衛生確保の取り組みを理解し、その効果が最大限となるよう、適切な協力・助言あるいは指示をおこなう。

👤 舞台技術業務監督者（＝公演側 安全衛生管理者）の果たすべき役割と責任

▶ 施設とその設備が適切に整備され、安全に使用できることの確認をおこなう。

▶ 搬入された大道具や機材が、目的に適い安全であることの確認をおこなう。

▶ 公演側および施設側スタッフが、適切な情報と適切なスケジュールの下で安全に作業をおこなえるよう図り、管理監督する。

👤 舞台監督の果たすべき役割と責任

▶ 仕込み内容が、安全な公演のために適切におこなわれているか確認し、必要に応じて指示をおこなう。

👤 公演監督（＝演出家、振付家などのクリエイティブリーダー）の果たすべき役割と責任

▶ 施設の条件やタイムスケジュールに則り、舞台技術業務監督者（同）の安全衛生確保の取り組みを尊重し、計画の実現を図る。

👤 デザイナーの果たすべき役割と責任

▶ 施設の条件やタイムスケジュールに則り、舞台技術業務監督者（同）の安全衛生確保の取り組みを尊重し、計画の実現を図る。

👤 舞台技術管理責任者（＝施設側 安全衛生管理者）の果たすべき役割と責任

▶ 施設とその設備が適切に整備され、安全に使用できることの確認をおこなう。

▶ 舞台技術業務監督者（＝公演側 安全衛生管理者）に対し、施設の安全衛生に関わる取り決めを伝える。

▶ 施設側における公演担当者を任命し、その者とともに、公演側および施設側スタッフが適切な情報の下で安全に作業をおこなっているか確認する。

01 | 搬入　大道具や機材などを搬入する

作業開始時

作業前ミーティング
（KYミーティング＝危険予知ミーティング）を
おこなってから、作業を開始する。

▶仕込み初日の作業開始時には、公演側および施設側の各セクションのスタッフによって、必ず作業前ミーティングをおこなう。

▶搬入以外の作業から始まる場合にも、タイムスケジュールに合わせて、必ず作業前ミーティングをおこなう。

> ■必ず参照
> 2-1　共通注意事項
> 　　　03｜作業前ミーティング p.043

搬入

事前計画に則り、
舞台技術業務監督者の指示の下に
おこなう。

各施設のルールを尊重する。

▶事前の計画に則り、舞台技術業務監督者（＝公演側 安全衛生管理者）の指示の下に、搬入車両を搬入口に着ける。

▶各施設の、守らなければいけないルールを尊重する。

▶施設を傷付けないよう配慮が必要な場合には、シート等を持ち込んで養生をおこなう。

▶搬入した物品で、避難通路、防火扉、消火栓、消火器などを塞がない。

[**リフト／エレベーターや迫りを使用する場合**]

▶荷崩れに注意し、積載荷重内に収める。

▶昇降の際には施設側の許可を必ず得る。

▶迫りを使用する搬入については、下記を参照。

> ■必ず参照
> 2-1　共通注意事項
> 　　　07｜床機構を使用する作業 p.049

[**搬入がサシアゲ、サシオロシの場合**]

▶作業中は上下間の連絡を密に取り、落下物に注意する。

▶高所作業であると認識して、作業をおこなう。

> ■必ず参照
> 2-1　共通注意事項
> 　　　08｜高所作業 p.051

02 | 大道具仕込み 大道具の吊り込み・立て込み

3 搬入・仕込み

共通

作業人員を適切に配置し、十分な作業空間を確保する。

▶安全な作業に必要な作業空間を十分にとって、作業をおこなう。

▶物の移動や持ち上げる作業など、重量や大きさを勘案して、適切な人数の作業員で作業をおこなう。

台車やウインチなどの補助器具を適宜使用する。

▶必要に応じて、台車や作業用ウインチなど、補助器具を使用して作業を進める。

各作業段階に合わせた安全措置を講じる。

▶作業途中の不安定な状態においても、不測の事故が起きないよう、作業の段階に合わせた安全措置を講じながら、作業を進める。

工具・資材を適切に準備する。

▶作業に必要な工具をあらかじめ用意する。

▶電動工具の使用においては、電源容量をオーバーしていないか確認する。また、使用の際に粉じんが出るものや、火花が出るものは必ず適正な養生をして使用する。

▶大道具は、基本的に防炎性能が認められたものを使用する。

大道具吊り込み作業について

軽量な幕地であっても、安全第一で取り扱う。

▶比較的軽量な幕地類であっても、安全に吊り込むことを第一とし、簡単に解ける結び方は避け、また、チチヒモは飛び飛びではなく全部結ぶ。

▶幕地は大きく膨らむことがあるので、吊り込んだ後に接触がないか幕の前後を確認すること。特に、下降時には、幕地は他の機

材や大道具に引っ掛かり、破損する場合があるので十分注意する。

**吊り上げる直前に
安全の再確認をおこなう。**

▶パネルなどを吊り上げる前に、釘、ビスやボルトなど仕込み資材が残っていないか確認する。

▶出演者のフライングをおこなう場合、フライングに関するレールやワイヤーなどの仕込みは、必要な知識と経験を持つ専門のスタッフに任せる。出演者はフライングの乗込みや内容などを詳しく聞き、危険の有無について確認をする。

3
搬入・仕込み

大道具立て込み作業（構造物設営）について

▶床への固定方法は、各施設において許可する内容が違う（釘打ち、ビス打ちなどについて）ので、事前に確認をおこなう。

**可動大道具の転倒防止・
ストッパーに十分留意する。**

▶引き枠など可動の大道具の場合、適切な転倒防止策をおこなう。また、移動する際の力点、停止位置でのストッパーを十分に検討する。

仮設の電動／油圧機構に関する特記注意事項

▶演出上予定される動作に対し、機器のスペックが十分に余裕を持ったものであることを確認する。

▶適切な設置方法を選択すること。駆動部分の固定には、特に注意を払う。

▶200v以上の電源を使用するに当たり、電源部が露出した端子盤での結線をおこなう場合には、電気工事士資格者により施工する。

▶電気容量については、取り口の容量を確認してから使用する。

▶モーターの制御などでインバーターを使用する場合、音響機器に影響を及ぼしノイズの原因となるケースがあるため、十分な打ち合わせと、現場での検証をおこなう。

▶油圧を利用した装置の場合は、作業中の油こぼれなどに注意して養生をする。

▶仕込み中にグラインダーなど火花が出る場合は、不燃材などで周囲を養生し火災に注意する。

03 ｜ 照明仕込み 照明機材の吊り込み・設置

共通

器具本体およびアクセサリー類に、必ず落下防止対策を講じる。

▶吊り込んだ灯体やその他器具に対しては、適合した落下防止ワイヤーを使用し、落下防止対策を講じること。

▶付随する器具（フィルターシート、バンドア、種板等）に対しては、適切な落下防止対策を講じること。また、結線で使用したケーブル等についても、適切な落下防止対策を講じること。

幕地との接触や、近距離からの照射を避ける。

▶火災防止のため、文字幕やドロップ等と灯体との接触を避けること（PL法に関わる）。また、幕類に向かって近距離から照射されているような状態を避けること。

▶仮シュートの際は、照射熱がステージ床や敷物等に影響を与えることを考慮し、適切に減光しておこなうこと。

バトン／ブリッジなどを上昇させる際には、吊り込み機材の締め付けや落下防止措置の再確認をおこなう。

▶吊り込み（および仮シュート）終了後に、ブリッジ／バトンなどを上昇させる際には、各部の固定ネジの締め付けおよび落下防止措置の再確認をおこなった上で、上昇させること。

舞台袖の安全に注意を払い、必要な措置は、舞台稽古開始前におこなう。

▶舞台袖におけるスタンド等の転倒防止やケーブル等の養生は、舞台稽古前には終了しておくこと。

ムービングライトの可動域と周囲設置物との関係に注意する。

▶ムービングライトの使用に際しては、可動部分が周囲の構造物・幕類や器具等に接触しないように配置すること。

吊り込み作業について

［照明ブリッジやサスペンションライトバトンへの吊り込み作業］

照明器具の床面設営について

04 │ 音響仕込み　音響機材の吊り込み・設置

スピーカーの吊り込み作業について

適切な吊り具を使用し、落下防止対策を講じる。

▶適切な吊り具を使用し、また落下防止ワイヤーによる落下防止対策を講じる。

スピーカーの配置は、事前にプラン・シミュレーションをおこなう。

▶スピーカーの配置に関しては、現場での試行錯誤に頼らず、事前のプラン・シミュレーションをおこなう。

▶吊りスピーカー設置の調整においては、すべての部材・金具に強い衝撃が掛かる危険性の高い「ダウン」操作を避け、極力「アップ」操作で調整する。

▶ケーブル束の重量と引っ張りによる荷重の偏重や障害に注意する。

スピーカーなど機器の床面設置について

スタッキングの際には、床面の強度に注意し、必ず転倒防止策を講じる。

▶スピーカーのスタッキングをおこなう場合、必ず転倒防止策を講じる。特に、客席に近いメインスピーカーのスタッキングについては、施設側の指示に従う。

▶スピーカーのスタッキングをおこなう場合、床面の強度に十分注意を払う。（特に、仮設台の場合）

メインスピーカーのスタック作業をおこなう際は、高低差による墜落に注意する。

▶メインスピーカーのスタック作業をおこなう際に、舞台から客席面への落下、あるいはオーケストラピットへの墜落に、十分注意を払う。

▶客席内での機器設置は、出入口、観客動線などの障害にならないよう、おこなう。

音響電源作業について

適切な機材を用い、施設側の指示の下、作業をおこなう。

▶事前の打ち合わせに基づいて、施設側の指示する箇所から電源を取り敷設する。

▶使用ケーブルは、規格を満たした十分な許容電流のものを使用し、破損などのない健全な状態であることを確認して使用すること。普段からメンテナンスを心掛けること。

▶電源ケーブルの余剰部分は、発熱を防ぐために、なるべく引き延ばして使用すること。

3 搬入・仕込み

05 | 映像仕込み 映像機材の吊り込み・設置

映像装置の吊り込み作業について

▶客席上部など、映像機器を吊り込むことが考慮されていない場所に吊り込む場合、事前に機器の設置方法を施設側と確認し、安全な方法でおこなう。

映像装置の床面設営について

▶映像装置を客席内などに設置する場合は、設置方法を施設側と確認し、高温の器具および排気などが他に影響を及ぼさないよう十分な対策をおこなう。

▶台車などに載せて映像装置を移動する場合は、振動などを考慮した固定をおこない、機器の転倒、落下などの防止を徹底する。

06 ｜ タッパ合わせ／各場飾り確認

各セクションの仕込みが終わった段階で、「タッパ合わせ」をおこなう。これは、吊り物大道具、文字幕、照明バトン、スピーカー、映像機材などの高さ（タッパ）を決める作業である。

　事前に計画した平面図・断面図を基に、袖など大道具間口、文字高さ（タッパ）、および各吊り物のタッパが、相互の関係において、演出効果／デザイン上機能し、かつ安全確保に支障のない配置（＝吊り位置／バトンの前後関係）、高さ（タッパ）となるよう決定する。

　基本の吊り物高さ（タッパ）を決定したのち、各場（各シーン）の大道具・他各セクション機材の位置・高さ（タッパ）を確認・決定する。

吊り物の運転について安全確認をおこなう。

▶公演中に昇降運転、開閉運転のある吊り物について、どの位置においても安全確保に支障がないか確認をおこなう。

▶客席内の各所から、見切れによる問題、演出効果／デザイン上の問題がないか確認をおこなう。

07 ｜ 照明フォーカス（シュート、当たり合わせ）

照明機材を目的用途に応じた照射状態に調整する作業全般を指す。タッパ合わせ／各場飾り確認で決定した場面の状態に合わせて、作業をおこなう。よって、照明セクションだけの作業ではなく、大道具など他のセクションとの協働が必要となる作業である。

指示者と作業者の明瞭なコミュニケーションを確保する。他のセクションは、大きな音の出る作業をおこなわないよう努める。

▶照明ブリッジなど高所での作業においては、ステージ上の指示者と適切なコミュニケーションを取り、安全に作業を進めること。
▶舞台技術業務監督者（＝公演側 安全衛生管理者）は、適切なコミュニケーションを持てるような環境を作業スケジュールの中で確保するよう、努めること。他のセクションが大きな音の出る作業をおこなわないよう努めることが、安全の確保と効率的な作業につながる。

暗い中での段差・高低差に注意する。

▶暗所での作業となるため、舞台上での高低差および舞台面と客席との高低差に、十分に注意を払う。（作業員同士の注意喚起を常におこなう）

▶介錯棒を使用する場合、隣接の幕地類に接触しないよう、注意する。また、使用済みの介錯棒は、作業の邪魔にならない場所に置く。

**作業の区切りごとに、作業灯を
点灯し、安全確認をおこなう。**

▶作業の区切りごとに、速やかに作業灯を点灯し、安全確認をおこなう。

**幕地との接触や、
近距離からの照射を避ける。**

▶火災防止のため、文字幕やドロップ等と灯体との接触を避けること（PL法に関わる）。また、幕類に向かって近距離から照射されているような状態を避けること。

■**必ず参照**

08 │ 映像調整

映像装置の設置角度調整・画角調整（フォーカス、ズーム、キーストーン等）・色調整（ブライトネス、コントラスト、ガンマ、色相、彩度等）、ノイズ対策などをおこなう。

■**必ず参照**

▶中継・収録関連については、加えて以下の事項に留意する。

・カメラの運用に当たって、移動範囲の安全確認を十分におこなう。

・音響システムからの回線の受け渡し、照明の確認など、各セクションとの協働が必要であり、調整を十分におこなう。

09 | 明かり合わせ （明かりつくり、プロット、プログラム）

演出意図および照明デザインに沿って、各場面における照明を実際に出力して、調整し記憶／記録していく。映像の使用がある場合には、映像のプロット／プログラムも同時におこなう。

　他、電飾、特殊効果なども含めて調整する必要があり、また、決められた通りに各場面の大道具・小道具などを配置しておこなう必要があるため、他のセクションとの緊密な協働が必要となる作業である。

　非常に時間の掛かる作業であるため、仕込みに先立ち仮組みをおこない、あるいはシミュレーションソフトによって、事前にプログラムをおこなう場合もある。

暗い中での段差・高低差に注意する。

▶暗所での作業となるため、舞台上での高低差、舞台面と客席との高低差および客席内段差に、十分に注意を払う。（作業員同士の注意喚起が有効である）

作業の区切りごとに、作業灯を点灯し、安全確認をおこなう。

▶作業の区切りごとに、速やかに作業灯を点灯し、安全確認をおこなう。

■■必ず参照
2-1　共通注意事項
　　13｜暗所作業 p.061
　　18｜客席内での作業、機材設置 p.065
　　19｜非常用設備の尊重 p.067

舞台監督は、危険の予測・再確認をおこなう。

▶舞台監督は、この作業の中で、各場面における危険の予測・再確認をおこない、各セクションとともに、その危険を軽減する対策をおこなう必要がある。

10 ｜ 音響システムチェックと調整

機材の吊り込み・設置を終えたのち、舞台稽古に入る前に必要な音響作業（サウンドチェック）は、
次のように進められる。

3 搬入・仕込み

- **1. 回線チェック**
  - ▶アウトプット回線とインプット回線について、各々おこなう。

- **2. システムチューニング**
  - ▶目的とする音をつくり出すための基礎的な作業として、スピーカー（メイン、モニター等）を調整する。
  - ▶測定システムやマイク、調整用音楽を使用する。大音量を必要とし、また周囲の静粛性が求められる。

- **3. インプットチャンネルの調整**（個々のマイク、再生音等）・**場面や楽曲ごとの記録／記憶**
  - ▶コンサート、ミュージカルの場合には、演奏家や歌手、俳優を交えておこなう。

大音量の音響調整作業は、タイムスケジュールに則り、占有する時間を設ける。
  - ▶大音量を出す調整作業においては、他のセクションの作業者同士のコミュニケーションを妨げて危険をもたらす可能性がある。並行作業は避け、舞台技術業務監督者（＝公演側 安全衛生管理者）の確認の下、タイムスケジュールに則り、占有する時間を設け、おこなう。

他の作業と並行する場合には、他セクションへの事前確認と周知をおこなう。
  - ▶予定されていない時間での音出しや、他の作業（例えば、明かりつくり）と並行しての音出しの場合には、舞台技術業務監督者（同）の了解を得た上で、他セクションへの周知をおこなう。

  - ▶大きな音を出す時には、会場内に声掛けをおこなって、注意喚起する。
  - ▶吊物機構あるいは床機構の運転中に、大きな音を出さない。
  - ▶音響卓や出力系の電源のON・OFFは必ず確認を取り合っておこなう。
  - ▶カットリレーが働かないシステムを組んでいる場合には、緊急時に非常放送が機能するよう、対策する。〈→p.120を参照〉

11 | 転換稽古

舞台稽古に先立って、技術セクションのみで、場面から場面への転換のリハーサルをおこなう。

　大道具のみの転換、照明や音を入れての転換など、ケースバイケースでおこなう。

　出演者は参加せず、危険の予測、再確認をおこない、各セクションとともに、その危険を軽減する対策を講じる。

4 舞台稽古

出演者入り以降

各セクションの仕込み作業を終え、転換稽古などで安全が十分に確保されていることを確認したのちに、出演者が舞台に上がり、公演本番を迎える前に舞台での稽古がおこなわれる。

　公演側スタッフは、このプロセスにおいても、施設側スタッフと協働して安全衛生確保に留意しなければならない。また、舞台機構のオペレートなど施設側スタッフが直接公演に関わる場合には、施設側スタッフも公演の当事者として関わることが求められる。

　また、舞台稽古のプロセスの中で起こる技術的な変更・修正は、関係するセクション間で共有し、必要に応じて、リスクアセスメントを見直し、安全衛生確保の措置をおこなうこと。

　舞台稽古では、ゲネプロまでに、舞台監督の指示の下、大道具、照明、音響、映像などの全セクションが参加し、出演者とともに技術的な問題点の発見・確認と、転換時における出演者の動線などを確認し、安全を十分に確保するためのテクニカル・リハーサルを実施する。

「舞台稽古」の段階における主要な役割と安全衛生管理上の責任

🔊 制作業務統括者（プロデューサー等）（＝統括安全衛生責任者）の果たすべき役割と責任

▶ 公演監督、各デザイナーの計画が、予算やタイムスケジュールに則って実行されているかに注意を払い、安全を図るために、適切な助言あるいは指示をおこなう。

▶ 舞台監督、プロダクション・マネージャー、技術監督らが担う舞台技術業務監督者（＝公演側 安全衛生管理者）の安全衛生確保の取り組みを理解し、その効果が最大限となるよう、適切な協力・助言あるいは指示をおこなう。

🔊 舞台技術業務監督者（＝公演側 安全衛生管理者）の果たすべき役割と責任

▶ 舞台稽古は、公演に潜む危険を把握し対策を講じて安全衛生を確保する機会として、計画し実施する。

▶ 舞台稽古を通じておこなわれる技術的な変更・修正を、必要なセクションに周知する方策を講じ、また周知されていることを確認する。

🔊 舞台監督の果たすべき役割と責任

▶ 舞台稽古スケジュールを作成・管理する。

▶ 施設や公演の安全衛生に関わる情報を、出演者をはじめとする公演関係者に提供する。

▶ 出演者をはじめとする公演関係者の安全衛生を確保する。

🔊 公演監督（＝演出家、振付家などのクリエイティブリーダー）の果たすべき役割と責任

▶ 舞台稽古は、公演に潜む危険を把握し対策を講じて安全衛生を確保する貴重な機会であることを、制作現場において明確に共有する。

▶ 施設の条件やタイムスケジュールに則り、舞台技術業務監督者（同）の安全衛生確保の取り組みを尊重し、計画の実現を図る。

🔊 デザイナーの果たすべき役割と責任

▶ 施設の条件やタイムスケジュールに則り、舞台技術業務監督者（同）の安全衛生確保の取り組みを尊重し、計画の実現を図る。

🔊 舞台技術管理責任者（＝施設側 安全衛生管理者）の果たすべき役割と責任

▶ 施設および公演関係者の安全を確保する。

▶ 舞台稽古が安全におこなわれているか随時確認し、必要があれば、公演側に注意喚起をおこなう。

01 | 出演者が舞台に上がる前の最終安全確認

危険箇所には養生をおこない、また安全確認を兼ねた清掃をおこなう。

▶舞台上で出演者が立ち入るエリアの安全を確認し、大道具の角など危険な部分については養生をおこなう。また安全確認を兼ねた掃除をおこない、仕込み作業に使用した工具や機材が残置されていないことを確認する。

出演者の動線を確保し、暗いエリアには足下灯を設置する。

▶大道具転換なども考慮し、袖中における出演者の動線を確保し、暗いエリアは足下灯などで安全な通行を図る。

袖中を含む舞台上に設置された機材の安全措置を確認する。

▶袖中も含む舞台上に設置された機材のうち、特に転倒しやすいスタンド類やケーブル類が危険を招かないよう措置を講じられていることを確認する。

危険箇所に注意喚起がなされているか確認する。

▶転落などの危険がある箇所については、十分な注意喚起がなされていることを確認する。

■必ず参照
2-1 共通注意事項
　13│暗所作業 p.061
　17│動線の確保 p.064

02 | 出演者への舞台説明 （オリエンテーション）

出演者が初めて舞台に上がるタイミングで、舞台監督は、必ず出演者に対しての舞台説明（オリエンテーション）をおこなうことが、安全に舞台を使用し公演を実施するために極めて重要である。

● **出演者が登場、退場するための動線について説明をおこなう。**

● **袖中も含む舞台上で、特に危険の予測される場所について説明をおこなう。**

● **大掛かりな舞台転換については実演を交えて説明をおこなう。**

● **暗転での登退場がある場合は、暗転の状態を出演者とともに確認する。**

● **大きな地震が起きた場合の対応、どこに一時避難するかなど、その対処について説明をおこなう。**

舞台稽古の進行例

ジャンルや規模によって異なる進め方とその目的について、代表的な例を挙げる。

[演劇の場合]

● 場当たり

・舞台装置の中で、演技の位置、登退場の位置や動線を確認する。

・場面から場面への転換が出演者の動きも含め、安全に進行できるよう確認をおこなう。

・演技と照明・音響・映像のきっかけ（キュー）の調整をおこなう。また、照明映像のデザインや明るさ、音量・音像などを、演技と合わせて調整する。照明や効果音が加わることで、危険が生じないかにも留意する。

・舞台装置の中で、衣裳や履き物で危険が生じないか確認する。

● サウンドチェック

・ミュージカルなど音楽要素の多い公演の場合には、舞台稽古の冒頭に、俳優が装着したワイヤレスマイクのチェックをおこなう。

● 場面稽古

・場面ごとに、場当たりで確認したすべての技術要素を合わせておこなう。

● 通し稽古

・すべての場面を連続しておこなう。

・衣裳やヘアメイクを付け、また開場・開演の段取りなども含めて、本番通りにおこなう通し稽古を、一般にゲネプロと称する。

[オペラの場合]

● ピアノ稽古（K.H.P）

・まず、ピアノ演奏のみで、演出家の演出意図を中心に、場当たり、場面稽古、通し稽古をおこなう。

● オーケストラ付き稽古（H.P）

・ピアノ稽古ののちに、オーケストラが加わり、指揮者の演奏意図を中心に稽古をおこなう。

● ゲネプロ（G.P）

5 公演

公演側スタッフは、施設側スタッフと協働して、公演準備から公演終了・退出まで、安全衛生確保に留意しなければならない。また、舞台機構のオペレートなど施設側スタッフが直接公演に関わる場合には、施設側スタッフも公演の当事者として関わることが求められる。

「公演」の段階における主要な役割と安全衛生管理上の責任

制作業務統括者（プロデューサー等）（＝統括安全衛生責任者）の果たすべき役割と責任

❯ 舞台監督、プロダクション・マネージャー、技術監督らが担う舞台技術業務監督者（＝公演側 安全衛生管理者）の安全衛生確保の取り組みを理解し、その効果が最大限となるよう、適切な協力・助言あるいは指示をおこなう。

舞台監督＝舞台技術業務監督者（＝公演側 安全衛生管理者）の 果たすべき役割と責任
※公演時には、舞台監督が安全衛生管理者となる。

❯ 舞台装置、各セクションの機材・設備が、安全に使用されていることを確認する。
❯ それらのメンテナンスの機会を確保する。
❯ 出演者をはじめとする公演関係者の安全衛生を確保する。
❯ 公演期間中のスケジュールを作成・管理する。

公演監督（＝演出家、振付家などのクリエイティブリーダー）の果たすべき役割と責任

❯ 公演内容の修正が必要な場合、その方針を判断し提示する。
❯ それに伴う安全衛生確保の措置の更新を、制作現場において明確に共有する。

舞台技術管理責任者（＝施設側 安全衛生管理者）の果たすべき役割と責任

❯ 施設および公演関係者の安全衛生を確保する。
❯ 公演が安全におこなわれているか随時確認し、必要があれば、公演側に注意喚起をおこなう。

01 | 各公演の公演準備

安全かつ意図した通りに実施できるよう、各公演前に、以下のように公演準備をおこなう。

危険回避措置が機能しているか確認する。

▶危険が予測されている箇所について、危険を回避もしくは最小化する措置が機能しているか確認をおこなう。

新たな危険要素がないか注意を払う。

▶各セクションで、新たな危険要素が生じていないか、注意を払いながら、各点検をおこなう。

公演中に動く舞台機構や可動の大道具の動作チェックをおこなう。

▶施設側とともに、公演中に動く吊物機構、床機構の動作チェックをおこなう。シーン記憶がおこなわれている場合は、キューをランニングさせて確認する。

▶可動の大道具や機材について、正常に機能することを確認する。

照明・映像・音響などのチェックをおこなう。

▶照明・映像の点灯チェックおよび制御系統のチェックをおこなう。また、シーン記憶がおこなわれている場合は、キューをランニングさせて確認する。

▶音響機材および回線のチェックをおこなう。

安全確認を兼ねた清掃をおこなう。

▶破損や異物がないかの確認を兼ねて、袖中を含む舞台上の清掃をおこなう。

正確なプリセット（セットバック）をおこなう。

▶**プリセット（セットバック）**

・大道具、小道具を開演の状態に戻す。

・照明・音響・映像など各セクションは、必要なチェックののち、開場の状態（開場キューの実行状態）とする。

・客席開場準備

・客席に機器などが設置してある場合には、事前に講じた安全のための措置に支障がないことを確認する。

・観客動線、非常口誘導灯などに、支障がないことを確認する。客席担当スタッフによる客席開場準備の時間も考慮に入れ、その現場で定めた時間までに、上記の安全チェックとプリセット（セットバック）を終える。

02 | 公演

開演し終演するまでの公演進行の責任者は、舞台監督である。何らかの理由で、公演が意図した進行から逸脱し、安全確保が保証できなくなった場合、舞台監督には速やかに中断などの対応を取ることが求められる。

　公演時のアクシデントに際しては、なんとか公演を続行しようとする意識が働き、的確な判断が難しいため、公演側の制作責任者（主催者）・舞台監督は、状況に合わせた対応を事前に協議・共有し、中断の判断を的確におこなえるよう、準備する。

緊急時における公演側と施設側の連携について、事前に協議・共有する。

▶公演の中断が起きた場合には、公演側は、施設側と緊密に連携を取ること。そのための連絡系統についても、事前に協議・共有する。

出演者・スタッフに、緊急時対応の周知を図る。

▶公演側は、地震や火事などの緊急時にどのような対応を取るべきか、出演者およびスタッフ全員に周知を図る。

▶公演の中断、またその後の再開あるいは中止の判断については、下記を参照。

■必ず参照
2-3　危機管理...p.118

［点検］

仮設電動機構、フライングなどを使用する公演が1週間以上にわたり続く場合には、公演前に動作チェックだけでなく、随時機構の点検をおこなう。また、重量物の吊り物、高い設置物がある場合にも、その吊り点、あるいは転倒防止点の点検を随時おこなう。

［記録］

再演準備などの必要に応じて、各セクションは、危険回避のための留意事項や措置なども含めて、公演内容の記録をおこなう。

03 | 終演後、退館時の確認事項

大道具・機材などに、破損や不具合がなかったか確認し、対応する。

▶公演中に、大道具などに破損が生じなかったかどうか確認をおこなう。

▶公演中に、大道具や機材に破損や不具合があった場合には、状態を確認し、翌日以降の対応を用意すると同時に、安全を確保する。

本火・火薬などの最終消火処理を確認する。

▶本火や火薬を使用した場合には、最終的な消火処理を確認する。

無人時の安全を確保する。

▶可動物については、無人時に地震等によって破損が起きないよう、必要に応じて仮固定をおこなう。

▶施設内で確保すべき通路など、施設側の定めるルールに従う。

技術諸設備電源のOFFを確認する。

▶技術諸設備の電源を、適切な方法で落とす。

▶スモークマシンなど、コンセントが抜かれていることを確認する。

防火シャッターなど、防火設備の動作に障害がないことを確認する。

▶防火シャッター他、防火設備の障害になるところに、物が置かれていないか確認する。

一般電気器具の安全を確認する。

▶楽屋等の諸室についても、アイロンや手元明かりなどの電気器具がコンセントから抜かれていることを確認する。また、灰皿は所定の位置に返却し、火気等が放置されていないか確認する。

5
公演

6 解体・搬出

公演終了〜劇場退館まで

「解体・搬出」の段階における主要な役割と安全衛生管理上の責任

制作業務統括者（プロデューサー等）（＝統括安全衛生責任者）**の果たすべき役割と責任**

❯ 舞台監督、プロダクション・マネージャー、技術監督らが担う舞台技術業務監督者^{（＝公演側 安全衛生管理者）}の安全衛生確保の取り組みを理解し、その効果が最大限となるよう、適切な協力・助言あるいは指示をおこなう。

舞台技術業務監督者（＝公演側 安全衛生管理者）**の果たすべき役割と責任**

❯ 施設のルールを考慮しつつ、作業内容に沿ったスケジュールを立案する。

❯ 適切な情報と適切なスケジュールの下で、作業が安全におこなわれるよう図り、管理監督する。

舞台技術管理責任者（＝施設側 安全衛生管理者）**の果たすべき役割と責任**

❯ 公演側および施設側スタッフが適切な情報の下で安全に作業をおこなっているか確認し、必要があれば、公演側に注意喚起をおこなう。

01 | 解体（バラシ）打ち合わせ

安全な作業進行のために、公演側スタッフ、施設側スタッフの全セクションの代表者が参加し、
解体（バラシ）作業開始時ではなく、事前に打ち合わせを持つこと。

6
解体・搬出

**手順・エリアのすみ分け・
危険箇所の確認と共有を
おこなう。**

▶作業手順、搬出順を確認・共有し、特に、解体した大道具や機材の一時置き場所（サバキ場所）を明確にする。また、危険箇所の確認も必ずおこなう。

**作業員全体への、
共有事項の周知を図る。**

▶各セクションの代表者は、その内容を基に、それぞれのセクション内で、より具体的な手順を打ち合わせる。

▶解体（バラシ）時に合流するスタッフに、短時間で作業の流れを説明できるよう、準備しておく。

▶積み込み手順の事前打ち合わせをおこなう。

02 | 解体（バラシ）作業

解体（バラシ）作業開始時

作業前ミーティング
（KYミーティング＝危険予知ミーティング）を
おこなってから、作業を開始する。

▶終演後すぐに作業を開始するケースが多いが、事前の解体（バラシ）打ち合わせが十分でないセクションは、作業前ミーティングをおこない、作業手順や危険箇所を確認してから、作業を開始する。

▶大勢の作業補助員がいる場合などは、作業前ミーティングをおこなって、全体に危険箇所などの周知を図る。

解体（バラシ）作業全般

安全を最優先に、作業を進行する。

▶公演側・施設側双方ともに、安全な作業が最優先であることを共有し、退館時間に間に合わせるために作業を急ぎ過ぎない。

※事前に、定められた時間の中で作業が終えられるような日程を計画することが肝要である。

**各セクションは連携し、
円滑に作業を進行する。**

▶各セクションとも、他のセクションとの連携を図り、全体の作業がスムーズに進行するよう、配慮する。（構造物の解体が速やかに進むよう、構造物に絡む機材の撤去を優先する）

▶多数の意見が出やすい混在作業なので、舞台技術業務監督者（＝公演側 安全衛生管理者）の指示の下、事前の打ち合わせに則って、作業を進める。

▶作業員はハイテンションになりがちなので安全作業に徹する。

搬出動線の確保を優先する。

▶特に、搬出動線に関わる部分の解体・搬出作業は、優先しておこなわれるよう、手順を調整する。

手動バトンに関わる作業時のアンバランスに、特に注意を払う。

▶各セクションとも、手動バトンに関わる作業においては、必ず荷重のアンバランスが生じるので、特に注意を払い操作する。また、使用後はカウンターウエイトのバランスを戻しておく。

▶各セクションとも、機器の電源の遮断を確認してから、作業をおこなう。

▶大道具の内部や下部など暗所作業になる場合があるので、必要に応じて、十分な作業灯を準備して作業をおこなう。

▶床に貼ったテープは、丁寧に剥がし、舞台床等を傷付けないこと。

2-2の3「搬入・仕込み」〈→p.088〉の各項に記された注意事項に、同様に注意を払って作業をおこなうこと。

03 | 搬出作業

**事前計画に則り、
舞台技術業務監督者の
指示の下におこなう。**

▶事前の計画に則り、舞台技術業務監督者（＝公演側 安全衛生管理者）の指示の下に、搬出車両を搬入口に着けること。搬入時以上に混雑するケースが多いので、的確な判断が必要である。

各施設のルールを尊重する。

▶各施設のルールを尊重する。

▶搬入口の開閉に当たっては、外部の天候、気温差などによって気流の乱れが生じやすいため、舞台作業などの状況を見て慎重におこなう。

▶施設を傷付けないよう配慮が必要な場合には、シート等を持ち込んで養生をおこなう。

▶持ち込んだ物を漏れなく搬出するために、搬入された機材・大道具などの数量、形状などの確認をあらかじめおこなっておく。

▶積み忘れを防止するために最終点検をおこなう。

[**リフト／エレベーターや迫りを使用する場合**]

▶荷崩れに注意し、積載荷重内に収める。

▶昇降の際には施設側の許可を必ず得る。

▶迫りを使用する搬入については、下記を参照。

■ **必ず参照**
2-1　共通注意事項
07｜床機構を使用する作業 p.049

[**搬入がサシアゲ、サシオロシの場合**]

▶作業中は上下間の連絡を密に取り、落下物に注意する。

▶高所作業であると認識して、作業をおこなう。

■ **必ず参照**
2-1　共通注意事項
08｜高所作業 p.051

[**解体・搬出後**]

公演側スタッフは、搬出後の大道具・小道具などの（再演・再使用に向けての）保管、あるいは廃棄、レンタル機材の返却の計画を事前に立案し、それを踏まえて解体・搬出をおこなう必要がある。

　廃棄に当たっては、必要な分別をおこなった上で専門の廃棄業者に委託し、確認書類（マニフェスト）は必ず保管する。

　倉庫での保管のための作業（荷下ろし、格納作業）も、演出空間における作業と同様に安全に留意しておこなう。

04 ｜ 原状復帰

搬出を確実におこなうとともに、施設の各設備および機材を元の状態に復帰することで、公演
側スタッフの解体・搬出作業は終了する（＝原状復帰）。
　施設側スタッフは、公演側スタッフによる確実かつ迅速な原状復帰作業のために、必要な情
報提供と事後の確認をおこなう。

▶照明・音響などの機材、舞台備品などを、所定の配置（＝基本仕込み状態）、あるいは所定の格納場所に戻す。

▶各所へのバミリ、名称・合番の仮表示などは、丁寧に剥がして元に戻す。

▶安全装置（カウンターウエイトの復帰、綱場止め具等）の状態確認をする。

▶文字、袖幕など吊り位置を変更した施設の吊り物を元の位置に戻す。

▶取り外した客席など、形状を変更したものを元に戻す。

▶形状を変更した施設の可動設備を元に戻す。

▶施設側は、各機材の数量の確認、形状や機能に異常がないか確認をおこなう。（＝日常点検）

※日常点検を含む施設のメンテナンスについては、2-4「劇場等演出空間の舞台技術設備管理」〈→p.128〉に詳述する。

6
解
体
・
搬
出

2-3

危機管理

公演中のアクシデントや、地震などの自然災害、また火災などの緊急事態に直面した時、公演制作現場は、常に、公演の進行や作業の続行ではなく、安全の確保を最優先に対応しなければならない。さらには広範囲における感染症の拡大など、社会全体の危機の状況についても対策を講じていく必要がある。

　作業中、リハーサル中、公演中など、状況によって必要な対応は異なり、施設は、それぞれの対応を最適なマニュアルやフローチャートとして具体的にまとめておく必要がある。また、各公演制作現場内でも、緊急時の対応を共有しなければならない。

　ここでは、各施設や各公演制作現場が、マニュアルやフローチャートを計画策定するに当たり、特に留意すべき項目を挙げていく。

1 | 留意すべき事項

	🏢 施設として	👤 公演制作現場として （＝公演団体／施設利用者）
01 緊急時への備え		
避難誘導 計画	火災時、地震時などの状況に合わせ、**避難経路**を考慮した**避難誘導計画**（マニュアル、フローチャートなど）を策定する。	施設の**避難誘導計画**（マニュアル、フローチャートなど）を確認する。
緊急時の 連絡体制	● 施設内の**緊急連絡体制** ● 公演団体との情報共有の方法 ● 消防署・警察署などへの連絡体制 以上を明確にし、関係者間で共有する。	施設側との情報共有の方法について明確にし、関係者間で共有する。
自衛消防 組織	火災に備え、施設内に、通報連絡班・初期消火班・避難誘導班・応急救護班からなる**自衛消防組織**を設置し、誰がどの役割を果たすのか、あらかじめ計画する。	公演団体内においても、火災に備え、通報・初期消火・避難誘導・救護の役割分担を踏まえた緊急時対応を準備し、緊急時における責任者を明確にする。
中断／中止 への備え	公演中の緊急事態によって、中止を検討しなければいけない場合に、公演の制作責任者とどのように協議するのか、あらかじめ定めておく。	**緊急時において公演中断・中止の判断をおこなう者**を明確にする。一般に、公演中の緊急事態においては、被害や混乱を最小限に留めるために、舞台監督は公演を中断する権限を持つ。（主催者がその責任の下、公演中断の権限を舞台監督に委任し、その結果には主催者自らが責任を持つ）
	公演中の緊急事態に備え、舞台袖にはすぐに使用できる**エマージェンシーマイク**を用意する。	
非常設備	固定音響設備に備わる**カットリレー機能**（緊急時に非常放送が聞こえるよう、公演に関わる音響設備がミュートされる機能）が正常に作動するよう点検整備する。	仮設した音響システムの場合には、カットリレーが働かない場合があり、非常放送が機能するよう、対策する。
	避難誘導灯の**公演中における一時消灯**は、消灯時でも非常設備の発報に連動して自動的に点灯することが必須の条件である。また、一時消灯をおこなう場合には、それを開場中にアナウンスなどで告知することが求められる。	
	不測の停電に備え、各機器への UPS（無停電装置）の設置や施設内の保安灯の整備をおこなう。	
危機管理 対策一般	いかなる緊急時においても、**パニック防止**に留意した対応をおこなう。	
	バリアフリーの視点を踏まえた危機管理対策をおこなう。	
	行政からの注意喚起を踏まえ、テロなどの反社会的行為への警戒を怠らない。何らかの「予告」などを受けた場合には、警察署・消防署と緊密な連携を取り、対応する。	

02 火災発生時の対応

発報時の フローを 策定	**火災報知器**（熱感知器・煙感知器）**の発報→現場確認→初期消火→**（初期消火に失敗した場合）**避難開始**という対応と判断のフローを、仕込み・解体作業中、リハーサル中、開場中、公演中の各局面において、どのようにおこなうのか、計画する。	
公演中の 対応	公演中においては、**中断から避難あるいは再開**を、どう判断し実行するのか、計画する。	公演中においては、**中断から避難あるいは再開**を、どう判断し実行するのか、施設のマニュアル、フローチャートを確認する。

03 地震発生時の対応

公演中断／ 再開・中止 の判断	大きな揺れを感じた際に、**公演中断の判断を誰がおこなうのか**、公演側の制作責任者（主催者）・舞台監督と、事前に協議する。あるいは、**緊急地震速報**による震度で中断を決める、などルールを定める。	大きな揺れを感じた際に、**公演中断の判断を誰がおこなうのか**、制作責任者（主催者）・舞台監督は、施設側スタッフと事前に協議する。
	中断した際には、速やかにエマージェンシーマイクにより、状況説明をおこなう。	
	中断ののち、**公演を再開するのか、あるいは中止するのかをどのように判断するのか**について、施設側スタッフと公演側の制作責任者（主催者）・舞台監督は、必ず事前に協議をおこなう。	
	協議に際し、技術管理統括責任者は、設備（特に舞台機構）の安全確認の必要性、必要と判断される場合その所要時間について、判断材料を提供する。	協議に際し、施設の技術管理統括責任者の提示する判断材料を最大限尊重する。
	公演中断中は、観客に対して、分かりやすく頻繁に**情報提供**をおこない、不安を和らげるよう配慮する。	
安全確認 作業	**二次災害が起きないよう配慮して、対応をおこなう。特に、高所などでの安全確認作業は、余震の可能性も考え、必ず複数名でおこなう。	
一時待避	仕込み・解体作業中、リハーサル中に大きな揺れを感じた場合には、一旦作業などを中断し、吊り物のある舞台上を避け、施設内の安全と思われる場所に、**一時待避**をおこなう。	
津波・ 土砂災害	津波や土砂災害の恐れのある施設は、それを考慮に入れたマニュアルやフローチャートを作成する。	

	施設として	公演制作現場として（＝公演団体／施設利用者）

04 けが人／急病人発生時の対応

	施設として	公演制作現場として
救急通報体制	**救急通報体制**を定め、**救急搬送動線**の想定をおこなう。	施設側の、**救急通報体制**と**救急搬送動線**を確認する。
	出演者あるいはスタッフの場合、観客の場合、それぞれに対応フローを定める。	
日常の備え	公演中、観客の中で急病人が出た場合に、**救護室**として使用できる場所を考慮しておく。	
	救護対応や清掃作業等において、感染症ウイルスや病原菌に二次感染しないための適切な対策を準備しておく。	
	近隣の**病院リスト**を用意し、公演団体に提供する。	
	AEDを備え、外来者にも分かるよう、表示する。	
	救急箱・担架などを備え、保管場所を施設内で共有する。	
再発防止	事故によるけがだった場合、その**原因を調査**し、記録を共有して、安全作業への理解を周知徹底することで、**再発防止**を図る。	

05 荒天時の対応

	施設として	公演制作現場として
予測による対応	台風の接近、豪雨、大雪などによる混乱が予報によって予測される場合、交通機関の運行などについて情報収集をおこない、施設側スタッフと公演側の制作責任者（主催者）・舞台監督は、対応を協議をする。	
		公演側スタッフ・出演者、施設側スタッフが、予定通りに会場入りできず、スケジュール通りに作業や舞台稽古がおこなえない場合には、決して無理をせず、状況に合わせた対応を取る。
		前日に荒天が予想できる場合には、あらかじめ混乱を最小限にするスケジュールに変更し対応する。
公演時間の変更／中止	公演制作現場（＝施設利用者）と協議の上で、その判断の時機、また告知方法について、あらかじめ想定をおこなう。	施設側と協議の上で、その判断の時機、また告知方法について、あらかじめ想定をおこなう。

06 感染症拡大時の対応

感染拡大前における準備	自治体が提供する関係情報の最新状況を確認し、対応すべき項目やルールについて当事者間で共有しておく。（過去の新型コロナウイルス感染拡大時の業界ガイドライン等を参照することも検討する）	
	広域的な感染症の流行拡大や自然災害等に起因する公演中止が発生した場合の補償の有無や取り扱いについて、当事者間で協議の上、契約書に定めることが望ましい。〈2-2「公演制作過程における安全作業の取り組み」内の 1-02「契約・発注」→ p.076 を参照〉	
	施設運営に関する BCP（事業継続計画）の策定を検討し、優先業務の洗い出しや要員確保手段等について検討をおこなう。	交代要員の確保（ダブルキャストやカバーキャスト、他部門からの応援、同業他社からの派遣）について検討をおこなう。

07 警察への通報等

日頃の備え	所轄警察署の電話番号の確認や 110 番通報の訓練などをおこなう。	
	爆破予告や不審人物の来場等があった際、速やかに所轄警察署に相談する。	

2 | 施設の緊急時対応フローチャート例

前述の項目に留意したフローチャートの例を挙げる。

　これらは、あくまで一例であり、各施設・各公演制作現場は、その環境や条件に合わせた具体的な行動指針となるフローチャートを作成し、共有すること。

※公益社団法人全国公立文化施設協会『公立文化施設のリスクマネジメントハンドブック』(2008年)を参照し作成。

フローチャート例① 火災発生時

※チート内の時間経過は、目安として記載している。

火災発生／報知器発報

↓

館内への緊急連絡

↓

初期消火・119番通報 ▶▶▶

自衛消防隊出動
● 初期消火班
● 避難誘導班
● 応急救護班
● 通報連絡班

最小人数でも組織できるよう、訓練を重ねる

↓

〈発生場所は?〉

それ以外 / 舞台・ホール内

それ以外：

即座に

観客アナウンス・照明を明るく

↓

職員等を所定の位置に配置　自衛消防隊配備

↓

〈初期消火は?〉 → 失敗

成功：

観客アナウンス(事態収拾)

↓

関係者と再開／中止を協議

舞台・ホール内：

即座に

観客への呼び掛け・照明を明るく

↓

職員等を所定の位置に配置　自衛消防隊配備

↓

避難誘導（10分以内に完了）

↓

到着した消防隊へ状況説明

フローチャート例② 地震発生時

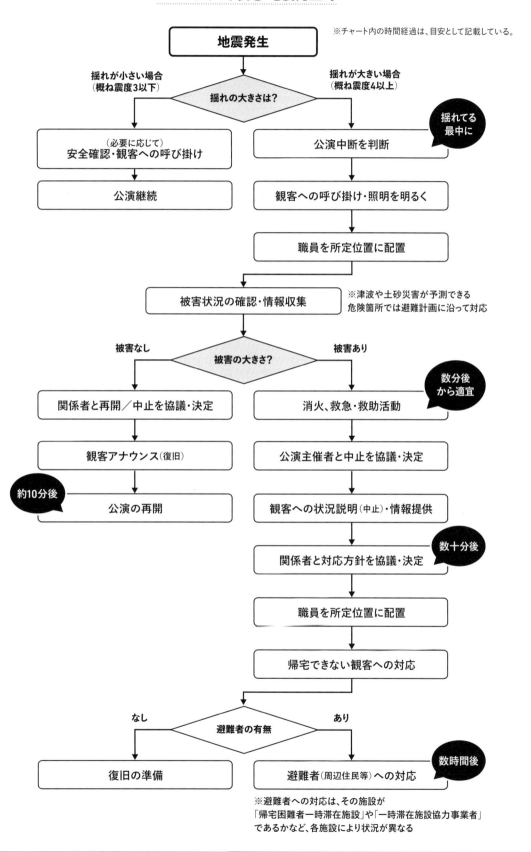

※チャート内の時間経過は、目安として記載している。

地震発生

揺れの大きさは?

揺れが小さい場合
（概ね震度3以下）

揺れが大きい場合
（概ね震度4以上）

揺れてる最中に

（必要に応じて）
安全確認・観客への呼び掛け

公演中断を判断

公演継続

観客への呼び掛け・照明を明るく

職員を所定位置に配置

被害状況の確認・情報収集

※津波や土砂災害が予測できる
危険箇所では避難計画に沿って対応

被害の大きさ?

被害なし

被害あり

関係者と再開／中止を協議・決定

消火、救急・救助活動

数分後から適宜

観客アナウンス（復旧）

公演主催者と中止を協議・決定

約10分後

公演の再開

観客への状況説明（中止）・情報提供

関係者と対応方針を協議・決定

数十分後

職員を所定位置に配置

帰宅できない観客への対応

避難者の有無

なし

あり

復旧の準備

避難者（周辺住民等）への対応

数時間後

※避難者への対応は、その施設が
「帰宅困難者一時滞在施設」や「一時滞在施設協力事業者」
であるかなど、各施設により状況が異なる

フローチャート例③ けが人／急病人発生時

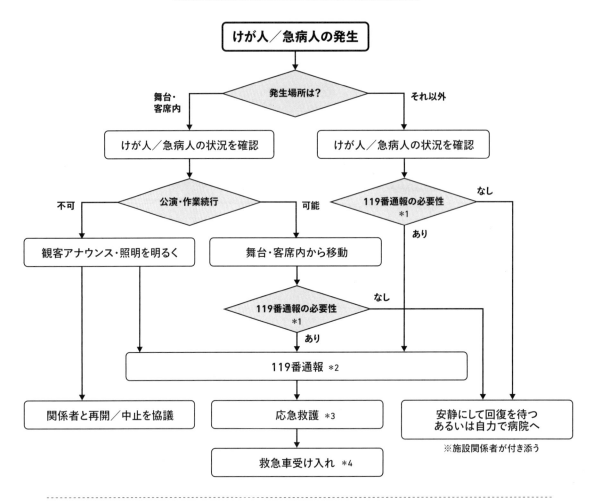

＊1｜救急車要請判断

● 意識・呼吸がない　● 頭・胸・腹部を強打　● 大出血している等　● 急病の徴候(例：脂汗・冷や汗が出る、背中が痛い)

総務省消防庁HP「救急車利用リーフレット」を参照。

www.fdma.go.jp/publication/portal/post9.html

＊2｜救急車の呼び方

1. 救急であることを伝える
2. 救急車に来て欲しい住所を伝える
3. 具合が悪い人の症状を伝える
   ・誰が　・どこで　・いつから　・どんな状態なのか(発熱の有無)
4. 通報者の名前と連絡先を伝える

＊3｜応急救護

● 止血　● AED　● 気道確保　● 人工呼吸　● 骨折箇所の固定(応急救護の講習受講必須)

※感染症ウイルスや病原菌に二次感染しないための対策を適切に施す。

＊4｜救急隊員に伝えること

1. 事故や具合が悪くなった状況
2. 救急隊が到着するまでの変化
3. おこなった応急手当の内容
4. 具合が悪い人の情報(持病、かかりつけの病院やクリニック、普段飲んでいる薬、医師の指示等)

2-4

劇場等演出空間の舞台技術設備管理

劇場等演出空間の舞台技術管理業務は、舞台技術設備が健全に機能するための点検・整備と、安全な公演のために公演団体／施設利用者の施設使用に立ち会う管理運営業務からなる。

　舞台機構設備（床・吊物）、舞台照明設備、舞台音響設備、舞台連絡設備、舞台映像設備などの舞台技術設備（あるいは舞台特殊設備と呼ばれる）は、極めて専門性の高い設備であり、また施設の条件・目的に合わせ設計・設置されているため、その安全な管理運営には、一般的な舞台技術の知識のみならず、その施設設備に習熟した技術者による点検・整備が必須である。点検業務は、施設の舞台技術管理スタッフが、日々の使用に際しおこなう日常点検と、保守点検委託業者により計画的におこなう定期保守点検からなる。また、突発的に不具合が生じた時に備え、各業者の緊急連絡先を把握して申し合わせを持ち、対応マニュアルを整備して速やかに点検・復旧をおこなえるよう図る必要がある。

　施設の管理運営業務や点検・整備業務においては、このガイドラインに示される安全衛生管理体制、安全に作業をおこなうための運用基準に則り、安全衛生の確保に努めなければならない。[*1]

　また、管理運営業務を適切に実施するためには、このガイドラインの各項を参照して公演制作過程をよく理解し、安全衛生管理体制の構築と安全衛生管理に取り組まなければならない。施設の自主事業において公演制作側の役割を担う場合にも、これらに則り、安全衛生の確保に努めながら、公演制作をおこなう。

[*1] このガイドラインは、主に、公演制作側が主導する公演制作過程に沿って、公演制作現場における安全衛生管理体制と、安全に作業をおこなうための運用基準を示しているが、施設の管理運営業務や点検・整備業務では、公演制作過程と同様に、高所作業や暗所作業など多様な作業の局面が生じるため、公演制作過程に準じてこのガイドラインを基に、安全衛生の確保に努めなければならない。

1 | 点検および修繕計画

01 日常点検

日々の業務の中で、設備の操作・使用を注意深くおこなうこと、また正常な状態を把握し、それを基準に聴音および目視によって異常の有無を感知することが、最も重要な日常点検である。以下のように日常点検をおこなう機会を設け、その内容は業務日報に記録する。

① 始業前点検
公演側スタッフによる作業が始まる前に、各技術設備に異常や不具合がなく、正常に使用できることを確認する。

② 随時点検
次のような場合には、施設の運営スケジュールの中で作業時間を調整確保し、まず施設の技術スタッフによって、随時点検をおこなう。設置業者あるいは保守点検委託業者による点検や修理が必要と判断された場合には、速やかに連絡を取る。

▶ 舞台機構
- 動作に異常を感じる場合
- 過積載で衝撃荷重が作用した場合
- 定格限界の積載量で稼働率が高い場合
- 稼働率の低い設備・機器を使用する場合（慣らし運転、動作チェック）
- 大きな地震の後（震度5弱を超える地震の場合には、点検といえども運転はおこなわず、業者に
  連絡を取り、その点検を待つことが望ましい）

※起動、停止時の機構動作、停止レベルが正常であるか、また動作中に異音、振動がないか確認をする。

▶ 照明
- 照明器具の落下・漏電・発火などが起こった場合
- スポット、ケーブル、コネクター等の破損などを発見した場合
- 大きな地震の後

※正常に機能しているか、また各表示および計器の状態が正常であるか確認する。必要に応じて、テスター、メガテスターなどの計測機器を使用し、異常の有無、あるいはその原因を確認する。

▶ 音響
- 過大音量でスピーカーを鳴らした場合
- マイクケーブル、スピーカーケーブル等の被覆の傷みを発見した場合

・大きな地震の後

※正常に機能しているか、また各表示および計器の状態が正常であるか確認する。ノイズを生じていないか確認する。必要に応じて、テスター、メガテスターなどの計測機器を使用し、異常の有無、あるいはその原因を確認する。

③ その他
以下のような業務を日常点検の一環としておこなう。

・定期的な大規模掃除や、個別の備品の清掃など
・消耗品の交換と点検（合わせて在庫の確認と確保をおこなう）
・緊急事態への準備
・各業者、施設の他部署、また公演団体／施設利用者との緊急連絡体制の確認
・舞台機構設備については、ファイナルスイッチ作動時の簡易復旧等、応急措置の習熟
・非常放送システム（カットリレーを含む）の確認
・施設の舞台技術設備に関するリスクアセスメント〈→p.036を参照〉
・客席空間あるいはその上部に設置されている照明・音響機材等に、破損や落下の兆候がないか確認

[突発的な異常・不具合への対応プロセス例]
・運転（動作）中止→原因調査→原因特定（除去、修理）→復旧確認→運転再開
・随時関係者・各部署への連絡（舞台監督をはじめとする公演側各セクションチーフ、公演側制作業務統括者［＝統括安全衛生責任者］、施設管理者／施設長［＝統括安全衛生責任者］など）
・（復旧できない場合）設置業者あるいは保守点検委託業者への緊急対応依頼
・代替機材・設備への変更切替
・設置業者あるいは保守点検委託業者による点検・調整・修理

02 定期保守点検

定期保守点検は、日々の運用による設備の消耗や劣化を最小限とするため、また放置すると重大な問題になる恐れがある事象をチェックし、可能な限り健全な状態に戻すためのものであり、安全に施設を運用していくために、不可欠な取り組みである。施設において舞台技術管理の責任を負う者は、その施設に応じた必要な点検内容とその頻度について、保守点検委託業者と協議し、そのための予算と時間を確保して点検をおこなうよう図る必要がある。

　一方で、保守点検は、各部品・各機器のその特性に応じた耐用年数を延長するものではない。保守点検の有無にかかわらず、耐用年数に応じた定期的な部品・機器の交換は、予防保全の立場から必須である。

　定期保守点検に関し、施設の舞台技術管理スタッフが留意すべき点を次に挙げる。

・日常業務において軽微な不具合や異常を発見した際には、保守点検委託業者にあらかじめ報告をおこない、保守点検時の対処を依頼する。
・点検の内容を把握し、必要に応じて立ち会いをおこなう。
・点検実施後に、試運転等の確認をおこなう。
・定期保守点検における部品交換について把握し、支出の措置をおこなう。
・点検報告書の確認をおこなう。

03 中長期整備計画

劇場等演出空間における安全は、舞台技術設備が健全に機能して初めて実現される。舞台技術設備の保全のためには、施設管理者が定期保守点検を計画し実行することに加え、施設の設置者（所有者）が、耐用年数に応じた定期的な部品・機器の交換および設備全体の更新について、中長期にわたる計画を立案し、予算措置を講じて実行していくことが強く求められる。

　施設の設置者（所有者）による中長期にわたる設備修繕・改修計画の立案は、施設設備の運用に当たっている施設管理者の提案、保守点検委託業者の報告、必要に応じて外部の専門家の助言を基におこなう。また、その計画は、日々の運用や定期保守点検によって確認される設備の劣化状況[*1]に応じて、随時改訂されるべきものである。

　施設管理者は、施設の設置者（所有者）に対し施設の現状を随時報告し、計画の立案と実行が適切におこなわれるよう、取り組まなければならない。

2 ｜ 管理運営業務

01 安全な施設利用のための取り組み

施設の舞台技術管理スタッフは、施設の特性をよく理解している者として、公演団体／施設利用者が安全衛生を確保し、意図に沿った公演を実施できるよう、諸条件の許す範囲において、適切なサポートをおこなうべき立場である。

　一方、公演団体は、プロフェッショナルからアマチュアまで多様であり、その舞台技術に関わる能力や経験も様々である。施設の舞台技術管理スタッフは、舞台技術管理責任者（＝施設側 安全衛生管理者）の統括の下、各施設の特性や運営方針等に則り、公演団体に安全衛生確保を求め、また施設として安全な環境を提供しなければならない。

----

*1　劣化には、「経年劣化」「機能劣化」（新しい技術により、旧来の技術・製品が要求に追従できなくなること）および「性能劣化」（法令などの改正に対応できないこと）がある。

また、舞台技術管理業務をおこないながら、その現場を人材育成の場として活用する取り組みを忘れてはならない。

① 安全確保のための恒常的な措置

公演団体／施設利用者が安全に公演をおこなう環境を整えるために、施設に安全確保のための措置を講じる。以下に主な項目を示す。

- 高所における手すり、巾木、ランヤード（命綱）をフッキングする設備、落下防止ネットなどの設置
- 暗所となる場所への足下灯等の設置
- 舞台エリアへの適切な作業灯の設置
- 墜落、転倒、衝突などの危険が潜在する箇所の明示と対策

これらは、リスクアセスメントにより、把握される施設内の危険を軽減するための措置としておこなわれるものである。〈→p.036を参照〉

② 公演団体／施設利用者との情報共有

施設における公演制作過程、すなわち搬入から仕込み、舞台稽古、公演、解体・搬出に至るプロセスにおいて、安全衛生を確保し、意図に沿った公演を実現するための前提となるのが、公演団体と施設の情報共有である。

- 公演団体の求めに応じ、施設の基本的な情報を提供し共有する。また、提供しやすいように、施設情報の整理をおこなう。
- 施設利用開始の前に、公演団体から、公演の技術的な情報や公演内容についての情報の提供を受け、安全衛生確保への配慮について確認をおこなう。
- 施設の基本的な情報、また公演の技術的な情報や公演内容の共有と確認のため、必ず事前に、必要な打ち合わせをおこなう。

③ 公演団体／施設利用者による作業の確認

搬入から仕込み、舞台稽古、公演、解体・搬出に至るプロセスにおいて、作業等が安全におこなわれているか、随時確認し、必要があれば、公演側に注意喚起をおこなう。同時に、安全衛生を確保し、質の高い公演を実現するための助言をおこなうことを心掛ける。特に、以下の点に留意する。

- 施設の舞台技術設備のスペックの許容範囲を把握し、計画・実施しているか。
- 落下防止、転倒防止、墜落防止など、危険の軽減を十分に考慮し、計画・実施しているか。
- 非常用設備を尊重し、計画・実施しているか。
- 客席内での機材設置や登退場での使用など、例外的な施設の使用に十分な配慮がなされているか。

■ 必ず参照
2-1　安全作業のための共通注意事項..........................p.038
2-2　公演制作過程における安全作業の取り組み.............p.072

④ 施設の舞台技術設備の操作

電動（あるいは油圧）舞台機構設備（床・吊物）の操作は、施設の舞台技術管理スタッフがおこなうが、公演中あるいは公演準備のための機構操作は舞台監督の指示によって、また仕込み・解体作業においては舞台技術業務監督者（＝公演側 安全衛生管理者）の指示によっておこなわれるため、公演団体／施設利用者の安全衛生管理の取り組みを理解し、従事する。

　適切に安全確認要員を配置することは、安全確保のために、極めて重要である。

■ 必ず参照
2-1　共通注意事項
　06｜吊物機構を使用する作業 p.047
　07｜床機構を使用する作業 p.049

02　施設の一般設備管理との連携

舞台技術設備の安全な運用のためには、施設の一般設備（電気、空調、上下水道、セキュリティ……）の運用・管理との連携が不可欠である。以下のような事項に留意すること。

- 舞台上および客席内の空調状態（設定温度や吹き出し風量）や相互の温度差によって、吊り物の幕地類が押され、昇降に影響が生じる場合がある。そのため、常に空調設備の運転状態に注意を払う。場合によっては、観客の健康や快適さに影響を与えない範囲で、空調設定の調整をおこなえるよう、連携を図る。

- 観客や出演者が危険なエリアに立ち入らないよう、必要な箇所に適切な施錠をおこなう。
- 固定客電灯具は一般設備管理の手に委ねられていても、点滅あるいは調光を舞台照明操作卓でおこなう場合も多い。断球などの場合に、適切な連携を図る。
- 搬入出経路が、施設に付随する駐車場を経由する場合には、駐車場の運用との調整を十分に図り、安全に搬入出をおこなう。
- 搬入出に使用する専用リフト／エレベーターについても、舞台技術設備に準じて、日常点検および定期保守点検をおこなう。
- スプリンクラーなど防火防災設備の保守点検状況にも留意し、健全な状態であることを確認する。（特に、閉鎖型スプリンクラーの不具合は、舞台技術設備や公演団体に甚大な被害をもたらす可能性がある）また、誤って放水開始してしまった場合の対処をあらかじめ確認しておく。
- 施設全体の緊急時対応を共有し、火災、地震、またけが人や急病人の発生等に備える。地震発生後の安全確認とそれに基づく公演継続の可否判断に、舞台技術設備管理の立場から適切に関与する。

■ **必ず参照**
2-3　危機管理..p.118

2-5

電気設備指針の概要

演出空間の電気設備（舞台機構、舞台照明、舞台音響等）およびその取り扱いは、「電気法規」および「劇場等演出空間電気設備指針」(2014)、「演出空間仮設電気設備指針」(2006)を遵守しなければならない。以下にその概要を示す。

1 | 対地電圧の制限

① 仮設照明設備に供給する電路の対地電圧は、150V以下であること。

② 仮設音響設備、仮設機構設備に供給する電路の対地電圧は、原則150V以下であること。ただし、取扱者以外のものが触れる恐れがないよう施工する場合は、対地電圧を300V以下とすることができる。

③ 単相200V用の機器を使用する場合は、単相3線式の線間200Vを使用すること。

「演出空間仮設電気設備指針」2.2.2 項、4.4.5 項 参照

- 演出空間で使用する照明機器は、対地電圧150V以下の電圧で使用しなければならないとされており、200Vの機器は、単相3線式の200Vを使用する。
- 三相3線式200Vは、対地電圧200Vであるため、動力電源は200V の照明回路に使用できない。

2 | 仮設電源

① 仮設照明設備、仮設音響設備、および仮設機構設備（チェーンホイスト等）に供給する電源は、それぞれ独立した変圧器又は発電機から供給すること。ただし、電源が1系統で、やむをえず仮設照明設備と仮設音響設備の電源が共用である場合は、仮設音響設備の電源側に絶縁変圧器を設けること。

② 使用電圧200Vの照明器具に供給する電源が三相3線式200Vの電源（動力電源等）の場合は、2次側が単相3線の絶縁変圧器を設け、その線間200Vを電源とすること。

「演出空間仮設電気設備指針」2.2.3 項、第 3 章、第 4 章 参照

- 演出空間での昇降用のチェーンホイストの場合、主幹の過電流遮断器は漏電ブレーカーを設置する。

3 | 電路の絶縁

① 電路は、三相4線式の中性線および三相3線式電源の1端子を除き大地から絶縁すること。

② 演出空間の電気設備における電路の絶縁抵抗値は、「演出空間仮設電気設備指針」9.4.2（1）（b）項に拠ること。

「演出空間仮設電気設備指針」2.2.4 項 参照

- 絶縁抵抗の悪い機器・器具は、事故の原因になるため、演出空間では使用機器・器具の絶縁抵抗値は、下記のように定めている。

絶縁測定対象	絶縁測定点および測定値
配線機器類（調光器・スポットライト等）	線間および接地（アース）間の単体測定で5MΩ以上であること
幹線部分（開閉器ごと区切り間）	線間および接地間は、2MΩ以上であること
分岐回路以降負荷部分（開閉器ごと区切り間）	接地間のみ、2MΩ以上であること
電源受電点以降（開閉器すべてON、トータル測定）	接地間のみ、1MΩ以上であること
屋外雨天の場合、電源受電点以降（開閉器すべてON、トータル測定）	接地間のみ、100Vの場合0.1MΩ以上、200Vの場合0.2MΩ以上、300Vを超える場合0.4MΩ以上であること

4 | 使用電線

① 演出空間の電気設備で使用する電線は、次に拠ること。

［屋内の場合］

使用電圧が300V以下

キャブタイヤケーブル2種（2CT）、3種（3CT）、4種（4CT）

クロロプレンキャブタイヤケーブル2種（2PNCT）、3種（3PNCT）、4種（4PNCT）

［屋外の場合］

クロロプレンキャブタイヤケーブル2種（2PNCT）、3種（3PNCT）、4種（4PNCT）

② 多心ケーブルの場合は心線に接地線を有するケーブルであること。また接地線は緑色又は緑、黄の縞模様の心線であること。

③ ケーブルの許容電流は、「演出空間仮設電気設備指針」4.2.2項 4.2.15表、4.2.16表に拠ること。

「演出空間仮設電気設備指針」2.2.5 項、第 4 章 参照

- 演出空間で使用できるケーブルは、ビニルキャブタイヤケーブルおよび1種キャブタイヤケーブル以外のキャブタイヤケーブルであることと、「劇場等演出空間電気設備指針」で規定されている。
- 演出空間で使用するケーブルは、使用状況で区別をすることは困難なため、屋外でも屋内でも、また仮設回路でも両方に使用できる2PNCTで、接地線が相線と同じ太さであるケーブルを設備することが望ましい。

5 | 電線の接続

① ケーブル相互の接続、ケーブルと電気機器の接続は差込接続器に拠ること。

② 仮設電気設備で使用する電気機器は、ケーブルとの接続を差込接続器でおこなえる構造であること。

③ 異なる電圧を使用する際は、それぞれの定格電圧に適合した差込接続器を使うこと。

④ 多心ケーブルに使用する多極接続器は、接地極を有する差込接続器であること。

⑤ 単心ケーブルの配線は色別表示すること、色別は「演出空間仮設電気設備指針」4.3項第4.3.2表に拠ること。

⑥ 単心ケーブルの接続順序は接地線、中性線、電圧線の順に接続すること、また取り外す場合の順序は接続順序の逆の順で取り外すこと。

⑦ 演出空間の電気設備で使用するケーブルおよび差込接続器は「演出空間仮設電気設備指針」2.3項、6.3項、7.3項、8.3項に拠ること。

「演出空間仮設電気設備指針」2.2.6 項、2.3.5 項、4.2.3 項、5.2.3 項 参照

6 | 電路の過電流保護

① 電源から負荷器具に至る配線には、電路を保護する過電流遮断器を施設しなければならない。

② 電路の保護は、負荷容量以上の連続許容電流を有するケーブルを使用し、そのケーブルの電源側にケーブルの許容電流以下の定格電流である過電流遮断器を施設すること。

③ 演出空間の電気設備に使用する過電流遮断器はブレーカーであること。

④ ブレーカーに対するケーブルの選定は、「演出空間仮設電気設備指針」4.2.2項4.2.17表、4.4.1項4.4.1表・4.4.2表、5.2.2項5.2.1表に拠ること。

- 電気事故を防止するため、負荷容量および配線ケーブルの許容電流に適合した過電流遮断器 (MCCB) を各回路に設置する。
- 負荷容量以上の連続許容電流を有する電線を使用しなければならない。その電線に

「演出空間仮設電気設備指針」2.2.7 項、資料 1 参照

は電源側に電線を保護する過電流遮断器を設置すること。短絡保護のため、使用する電線は、短絡保護協調されたものである。

- 電力用電路に使用する過電流遮断器はMCCB（ブレーカー）である。特に、配線にキャブタイヤケーブルを使用する仮設電気設備や劇場、ホールの仕込み回路はブレーカーの遮断特性でないと保護協調が得られないためヒューズは使用できない。

7 | 幹線

幹線とは、電源から負荷回路（分岐回路）を保護するブレーカーの1次側（電源側）の回路をいう。

① 電源側の大容量の幹線に接続できる小容量の幹線、又は分岐回路にある安全確保のための制限は、「演出空間仮設電気設備指針」に拠ること。
② 幹線の電源側には、前6④項によるその幹線を保護するブレーカーを施設すること。

「演出空間仮設電気設備指針」2.2.8 項、4.4 項 参照

8 | 分岐回路

負荷を接続しているコンセント等の差込接続器から配線ケーブルの電源側に施設されたブレーカーまでの配線（負荷回路）をいう。
ブレーカーの定格電流は50A以下であること。

　分岐回路の種類は、15A、20A、30A、40A、50Aでそれぞれに接続できるコンセントの種類およびケーブルの太さは、「演出空間仮設電気設備指針」2.2.2表および2.2.3表に拠ること。
　劇場、ホール等に施設されたフライダクトは、「劇場等演出空間電気設備指針」2.3.4項に拠ること。

「演出空間仮設電気設備指針」2.2.9 項、5.2.1 項 参照

9 | 電圧降下

① 配線距離が長くケーブル亘長が長い場合は、電圧降下が大きくなるため太い ケーブルを使用すること。

② キャブタイヤケーブルの電圧降下の計算式は、「演出空間仮設電気設備指針」第 4.2.18表に拠ること。

• 電圧降下を避けるため、配線が長ければ長い程ケーブルは太いものを選ぶ。

10 | 接地

① 演出空間の電気設備に使用する、電気機器の筐体等の非充電金属部は、接地す ること。

② 電気機器には接地端子を設け接地線に接続すること。

③ 仮設電気設備の配線には接地線を付属すること。

④ 単心ケーブルによる接地線は緑色ケーブル又は両端を緑色テープで表示すること。

⑤ 接地線の太さは電圧線と同じ太さのものであること。

⑥ 仮設電気設備における電気機器に対する接地線の接続方法は、「演出空間仮設 電気設備指針」2.2.10項、3.8項、4.6項、5.6項に拠ること。

「演出空間仮設電気設備指針」2.2.10 項 参照

• 機器・器具の金属箱等の非充電金属部は接地線により確実に接地すること。

11 | 感電防止等の地絡保護

① 演出空間の電気設備における電路には、漏電遮断器又は漏電警報装置等を施 設すること。

② 劇場、ホール等の施設された演出空間電気設備の地絡保護設備は、「劇場等演 出空間電気設備指針」に拠ること。

③ 仮設電気設備の地絡保護は、「演出空間仮設電気設備指針」2.2.11項、3.7項、 4.5項5.5項、6.5項、7.5項、8.5項に拠ること。

「演出空間仮設電気設備指針」2.2.11 項 参照

• 感電事故防止のため、事前の絶縁抵抗測定の実施、各電気機器および電気機器取り 付けタワー等の接地（アース）、漏電ブレーカーあるいは漏電警報器の設置等の対策を おこなう。通電中は、漏洩電流計による漏れ電流の点検を実施する。

12 | 舞台「灯入れ」、星球等の回路

① 舞台「灯入れ」回路等の小容量負荷の回路の構成は、「演出空間仮設電気設備指針」2.2.13項に拠ること。

② 星球等の微小容量の器具を多数使用する電路の構成は、「劇場等演出空間電気設備指針」2.4.1（6）項に拠ること。

- 演出空間で照明器具等、使用できるコードの太さは、$2\,mm^2$以上とされている。$1.25\,mm^2$以下のキャブタイヤケーブル（2CT、2PNCT）や舞台仕込み用の電気スタンド、行灯、街路灯の「灯入れ回路」に使用する小容量のコード（ビニルコードやキャブタイヤコードで平行コンセントを使用しているもの）を照明回路コンセントから使用する場合は、その回路に過電流遮断器（15A以下）を設けて使用しなければいけない。

13 | ノイズ防止対策

ノイズ障害は、電源状態、配線ルート、接地電流等、他の電気設備に大きく影響されるため、劇場、ホールに固定して設備された劇場等の演出空間電気設備と、常に設置場所が変化する仮設電気設備の場合ではノイズ防止対策に相違があるため、次に拠ること。

① 設備された劇場等の演出空間電気設備は、空調、エレベータ等の他の設備との関係を考慮した「劇場等演出空間電気設備指針」9.2項に拠ること。

② 設置場所が変化する仮設電気設備は、「演出空間仮設電気設備指針」2.2.16項、3.9項、4.7項、5.7項、6.7項、7.7項に拠ること。

- ノイズ防止のため、照明と音響のそれぞれの配線は、できるだけ離隔する。
- ノイズ防止のため、クセノンピンスポットライト等の高圧放電灯の近傍に、音響調整卓や調光操作卓等の制御装置およびワイヤレスアンテナを設置しない。
- ノイズ防止のため、ワイヤレスアンテナの近傍にはデジタル信号ケーブルを配線しない。やむをえない場合は金属管配線とする。
- ノイズ防止のため、信号回路の接地（アース）をおこなう。
- 信号回路に関する接地は1点接地、接地線の接続はスター接続とし、接地線がループ接続にならないようにする。

14 | 機器、機材の安全事項

① 劇場等の演出空間電気設備で使用する機器、機材は、「劇場等演出空間電気設備指針」に拠ること。

② 仮設電気設備で使用する機器、機材は、「演出空間仮設電気設備指針」2.3項、6.2項、7.2項、8.2項に拠ること。

- モーターや蛍光灯など周波数に影響される製品を使用する場合は製品特性を調べ、それぞれの地域の周波数に合わせて使用する。

- 三相4線式でSCR調光器等を使用すると、波形が異なるためN相（中性線）には、乱れた電流が流れる。実験結果では、例えば、R相は調光フェーダを100%、T相70%、S相0%の場合、N相（中性線）には、133%の電流が流れる現象が起きる。このような状態は、故意に設定しないと、操作上は有り得ないが、フェーダを50%以下で固定をすると、配線ダクトが唸る現象が発生するので注意する。

- 負荷接続用のコンセントは、接地極を有するものである。

- 機器の電源コードおよび仕込みに使用する多心キャブタイヤケーブル（2CT、2PNCT）は、接地線を有する心線数のケーブルである。

15 | 仮設電気設備の施工

仮設電気設備の施工は機器、機材の搬入、仕込み、リハーサル、本番、撤去、搬出原型復帰までと定義し、「演出空間仮設電気設備指針」第9章に示されているため、本ガイドラインでは、その項目のみ記述し、内容詳細は同指針を参照することとする。

※（ ）内数字は「演出空間仮設電気設備指針」の項No.
- 仮設電気設備における施工の特殊性（9.1）
- 仮設電気設備に施工の手順（9.2）
- 仮設各設備における設計上の基本事項（9.3）
- 仮設舞台の設営（9.3.1）
- 仮設電気設備の打合せ事項（9.3.2）
- 各設備の電路設計上の基本事項（9.3.3）
- 施工上の安全事項（9.4）
- 仕込みの安全事項（9.4.1）
- 仕込みの点検（9.4.2）
- リハーサル及び本番操作時の注意事項（9.4.3）
- 搬入・撤去の安全注意事項（9.4.4）

- 施工における作業上の安全事項（9.5）
- 一般事項（9.5.1）
- 作業者の服装（9.5.2）
- 高所作業（9.5.3）
- 吊物操作の注意事項（9.5.4）
- 搬入・撤去作業の注意事項（9.5.5）

16 ｜ 仮設電気設備

仮設電気設備の電気機器、機材は使用時にのみ公演制作現場に集合されるものであるため使用機器、機材は各仕込み業者の持ち込み機器・機材となる。従って設備機器、機材の管理は各業者の傘下でおこなわなければならない。

　このことから、各業者の社内機材管理の必要事項として「演出空間仮設電気設備指針」第10章を参照すること。

3章

章

関連法規・資格

関連法規

施設は、不特定な多数の観客が集まる場所であり、舞台は作業する上で大変危険な場所でもある。こうした施設を安全に運用し、公演制作をおこなうために、我々は常に危険に対する意識を持ち続けなければならない。

　法令は、様々な規制を定めている。それらは舞台芸術の世界に照らし合わせてつくられたものではないが、安全に関すること、人命に関わることには特に配慮しなければならない。舞台芸術に携わる公演側関係者、施設側関係者が一体となって、スムーズかつ安全に作業を進めるためには、責任の所在を明確にし、関連する法令をしっかりと把握しておく必要がある。〈→p.156を参照〉

本ガイドラインでは、統括安全衛生責任者の選任などによる適切な安全衛生管理体制の確立・整備を目指しているが、これは労働安全衛生法に基づくものである。劇場等演出空間においては、複数の事業者の労働者が「混在」して作業をおこなうことになり、この「混在作業」から生ずる労働災害を防止するための安全衛生管理が求められる。その義務主体は労働者を使用して事業をおこなう者すなわち各事業者である。以下に根拠となる法律とその条項を挙げる。

> 労働基準法 第5章 安全および衛生 第42条
> 　労働者の安全および衛生に関しては、労働安全衛生法の定めるところによる。
> 労働安全衛生法 第三章 安全衛生管理体制（統括安全衛生責任者）第15条／（安全衛生責任者）第16条／（安全委員会）第17条／（衛生委員会）第18条／（安全衛生委員会）第19条／（特定元方事業者等の講ずべき措置）第30条

▶ 労働基準法

労働に関する諸条件を規定している法律。この法律で定める基準は最低のものであり、労働関係の当事者は、労働条件の向上を図るように努めなければならない。

　2018年の「働き方改革を推進するための関係法律の整備に関する法律」公布により、フレックスタイム制、時間外労働の上限規制、年次有給休暇の確実な取得等が加わった。

▶ 労働者派遣法（労働者派遣事業の適正な運営の確保および派遣労働者の就業条件の整備等に関する法律）

労働力需給の適正な調整を図るため、労働者派遣事業の適正な運営の確保に関する措置を講ずるとともに、派遣労働者の保護等を図り、もって派遣労働者の雇用の安定その他福祉の増進に資することを目的としている。

▶ 労働安全衛生法

労働災害防止のための危害防止基準の確立、責任体制の明確化および自主的活動の促進の措置を講じる等その防止に関する総合的計画的な対策を推進することにより、職場における労働者の安全と健康を確保するとともに、快適な職場環境の形成を促進することを目的としている。この法令の具体的な実施のために、労働安全衛生法施行令（政令）、労働安全衛生法施行規則（省令）が定められている。また、これらにより、安全に業務をおこなうための様々な特別教育が義務づけられている。〈→p.154を参照〉

▶ 特定受託事業者に係る取引の適正化等に関する法律

（フリーランス・事業者間取引適正化等法）

発注事業者とフリーランスの間の「業務委託」に係る事業者間取引に当たり、取引の適正化とフリーランスの就業環境の整備を図ることを目的としている。発注事業者が満たす要件に応じてフリーランスに対しての義務の内容が異なるが、書面等による取引条件の明示、報酬支払期日の設定・期日内の支払い、ハラスメント対策に係る体制整備などが示され、違反行為についての規定がある。

▶ 障害を理由とする差別の解消の推進に関する法律

障害を理由とする差別の解消の推進に関する基本的な事項や、差別を解消するための措置などについて定めることにより、すべての国民が障害の有無によって分け隔てられることなく、相互に人格と個性を尊重し合いながら共生する社会の実現につなげることを目的としている。社会的障壁の除去の実施についての必要かつ合理的な配慮に関する環境の整備や、障害を理由とする差別の禁止などが定められている。

▶ 消防法

火災を予防し、警戒しおよび鎮圧し、国民の生命、身体および財産を火災から保護するとともに、火災または地震等の災害による被害を軽減する他、災害等による傷病者の搬送を適切におこない、もって安寧秩序を保持し、社会公共の福祉の増進に資することを目的としている。

　なお、消防法に基づき、各地方公共団体が独自に条例を定めることになっている。そのため地域により規制内容が変わる場合がある。

▶ 火薬類取締法

火薬類の製造、販売、貯蔵、運搬、消費その他の取り扱いを規制することにより、火薬類による災害を防止し、公共の安全を確保することを目的としている。

▶ 建築物における衛生的環境の確保に関する法律 （ビル衛生管理法）

多数の者が使用し、または利用する建築物の維持管理に関し環境衛生上必要な事項等を定め、公衆衛生の向上および増進に資することを目的としている。

▶ 建築基準法

建築物の敷地、構造、設備および用途に関する最低の基準を定めて、国民の生命、健康および財産の保護を図り、もって公共の福祉の増進に資することを目的としている。

▶ 電気事業法

電気事業の運営を適正かつ合理的ならしめることによって、電気の使用者の利益を保護し、電気事業の健全な発達を図るとともに、電気工作物の工事、維持および運用を規制することによって、公共の安全を確保し、環境の保全を図ることを目的としている。下記の電気設備の保安体制と技術基準を定めている。

保安体制：保安管理の範囲を明確に定義し、管理組織を定めている。一般的に高圧で受電する変電所（室）のある劇場やビル、大きな工場などは総責任者が所有者または使用主であり、その規模に応じて保安規定を定め管理責任者として電気主任技術者が専任することになる。

技術基準：電気工作物の技術基準は、「電気設備に関する技術基準を定める省令」として「電気設備技術基準」が制定されている。演出空間における舞台電気設備が係る電技・解釈の条項とその解説は、「演出空間仮設電気設備指針」2.2 項を参照。

▶ 電気工事士法

電気工事の作業に従事する者の資格および義務を定め、もって電気工事の欠陥による災害の発生の防止に寄与することを目的としている。

電気工事の作業は、電気設備技術基準・解釈に適合する工事でなければならない。劇場、ホールに敷設される舞台電気設備の電気工事は、電気工事士でないと作業できないが、舞台に常設されたコンセント以降（二次側）の仕込み作業は電気工事士の有資格者でなくても作業ができる。また、プラグやコネクター、延長コードおよび照明器具等の軽微な修理も電気工事士の資格は必要ない。

▶ 電気用品安全法

電気用品の製造、販売等を規制するとともに、電気用品の安全性の確保につき民間事業者の自主的な活動を促進することにより、電気用品による危険および障害の発生を防止することを目的としている。

電気用品の製造、輸入または販売の事業をおこなう者は、指定された表示（PSEマーク等）が付されているものでなければ電気用品を販売し、または販売の目的で陳列してはならないと定められている。（演出空間仮設電気設備指針 2.3項参照）

▶ 消費生活用製品安全法

消費生活用製品による一般消費者の生命または身体に対する危害の発生の防止を図るため、特定製品の製造および販売を規制するとともに、特定保守製品の適切な保守を促進し、製品事故に関する情報の収集・提供等の措置を講じ、もって一般消費者の利益を保護することを目的としている。

レーザー光線の使用に関する規制も定められている。

▶ 製造物責任法（PL法）

製造物の欠陥により人の生命、身体または財産に係る被害が生じた場合における製造業者等の損害賠償の責任について定めることにより、被害者の保護を図り、もって国民生活の安定向上と国民経済の健全な発展に寄与することを目的としている。

▶ 電波法

電波の公平かつ能率的な利用を確保することによって、公共の福祉を増進することを目的としている。特定の周波数を用いるワイヤレスマイクの使用に関する規定もここに定められている。

▶ 文化芸術基本法（旧 文化芸術振興基本法）

文化芸術振興基本法（2001年）が2017年に改正され、文化芸術基本法となった。文化芸術が人間に多くの恵沢をもたらすものであることに鑑み、文化芸術に関する施策に関し、基本理念を定め、国や地方公共団体の責務を明らかにしている。文化芸術に関する活動をおこなう者の自主的な活動の促進を旨として、文化芸術に関する施策の総合的かつ計画的な推進を図り、もって心豊かな国民生活および活力ある社会の実現に寄与することを目的としている。

　改正に当たっては、文化芸術の振興にとどまらず、観光、まちづくり、国際交流、福祉、教育、産業その他の各関連分野における施策を法律の範囲に取り込むこと、文化芸術により生み出される様々な価値を文化芸術の継承、発展および創造に活用することが趣旨とされた。なお、芸術家等の例示として「文化芸術活動に関する企画又は制作を行う者」および「文化芸術活動に関する技術者」が明示された。

▶ 文化芸術推進基本計画

文化芸術基本法 第7条第1項の規定に基づき、政府が定めるもの。文化芸術に関する施策を総合的かつ計画的に推進するための基本的な事項その他必要な事項について、文化審議会の意見を踏まえ作成される。地方公共団体においては、本計画を参酌し、その地方の実情に即した計画を定めるよう努める。

　第1期計画（文化芸術の「多様な価値」を活かして、未来をつくる／2018～2022年度）の成果と課題を踏まえ、第2期計画（価値創造と社会・経済の活性化／2023～2027年度）が策定された。

※改正前の文化芸術振興基本法においては、「文化芸術の振興に関する基本的な方針」が第1次（2002年）以降、第4次（2015年）まで閣議決定された。

▶ 劇場、音楽堂等の活性化に関する法律

我が国の劇場や音楽堂、文化会館、文化ホール等（以下「劇場、音楽堂等」という）に係る現状や課題を踏まえ、文化芸術振興基本法の基本理念の下に定められた。劇場、音楽堂等を設置・運営する者と実演芸術団体等、国、地方公共団体の役割の明確化と関係者の連携協力の明確化、国および地方公共団体が取り組む事項を明確にし、劇場、音楽堂等を取り巻く環境の整備を進めること、劇場、音楽堂等の事業の活性化に必要な事項に関する指針を国が作成することが示されている。

▶ 劇場、音楽堂等の活性化のための取組に関する指針

本指針は、劇場、音楽堂等の活性化に関する法律に基づき、劇場、音楽堂等の事業の活性化を図ろうとするものである。設置者・運営者が、実演芸術団体や国、地方公共団体、教育機関等と連携・協力しつつ、その設置・運営する劇場、音楽堂等の事業を進める際の目指すべき方向性を示している。

▶ 障害者による文化芸術活動の推進に関する法律

文化芸術基本法および障害者基本法の基本的な理念に則り、障害者による文化芸術活動の推進に関し、基本理念、基本計画の策定その他の基本となる事項を定めている。障害者による文化芸術活動の推進に関する施策を総合的かつ計画的に推進し、文化芸術活動を通じた障害者の個性と能力の発揮および社会参加の促進を図ることを目的としている。

▶ 国際文化交流の祭典の実施の推進に関する法律

国際文化交流の祭典の実施の推進に関し、基本理念および実施を推進するために必要な事項を定めている。国際文化交流を通じた心豊かな国民生活および活力ある地域社会の実現に寄与するとともに、世界の文化芸術の発展に貢献し、合わせて我が国の国際的地位の向上に資することを目的としている。

▶ 興行場法

興行場（映画、演劇、音楽、スポーツ、演芸または観せ物を、公衆に見せ、または聞かせる施設）を経営する者の義務等を定めた法律。

▶ 著作権法

著作物並びに実演、レコード、放送および有線放送に関し著作者の権利およびこれに隣接する権利を定め、これらの文化的所産の公正な利用に留意しつつ、著作者等の権利の保護を図り、もって文化の発展に寄与することを目的としている。

▶ 知的財産基本法

知的財産の創造、保護および活用に関し、基本理念およびその実現を図るために基本となる事項を定め、知的財産の創造、保護および活用に関する施策を集中的かつ計画的に推進することを目的としている。

▶ 文化財保護法

文化財を保存し、その活用を図り、もって国民の文化的向上に資するとともに、世界文化の進歩に貢献することを目的としている。文化財として「有形文化財」「無形文化財」「民俗文化財」「記念物」「文化的景観」「伝統的建造物群」が定義され、その保存等に当たって政府および地方公共団体の任務などが示されている。

▶ 音楽文化の振興のための学習環境の整備等に関する法律

音楽文化が明るく豊かな国民生活の形成並びに国際相互理解および国際文化交流の

促進に大きく資することに鑑み、生涯学習の一環としての音楽学習に係る環境の整備に関する施策の基本等を定めている。10月1日が国際音楽の日として設けられた。

▶ 古典の日に関する法律

様々な分野の文化的所産である古典が、我が国の文化において重要な位置を占め、優れた価値を有していることから、古典について国民の間に広く関心と理解を深めるようにするため、11月1日が古典の日として設けられた。

▶ 銃砲刀剣類所持等取締法

銃砲、刀剣類等の所持、使用等に関する危害予防上必要な規制について定めた法律。

▶ 動物の愛護および管理に関する法律

動物の虐待の防止、動物の適正な取扱いその他動物の愛護に関する事項を定めて国民の間に動物を愛護する気風を招来し、生命尊重、友愛および平和の情操の涵養に資するとともに、動物の管理に関する事項を定めて動物による人の生命、身体および財産に対する侵害等を防止し、もって人と動物の共生する社会の実現を図ることを目的としている。

▶ 食品衛生法

食品の安全性の確保のために公衆衛生の見地から必要な規制等を講ずることにより、飲食に起因する衛生上の危害の発生を防止し、もって国民の健康の保護を図ることを目的としている。

▶ 風俗営業等の規制及び業務の適正化等に関する法律

「風俗営業」について定義し、風俗営業および性風俗関連特殊営業等について、営業時間、営業区域等を制限し、年少者をこれらの営業所に立ち入らせること等を規制し、風俗営業の健全化に資するため、その業務の適正化を促進する等の措置を講ずることを目的としている。

▶ 健康増進法

国民の健康の増進の総合的な推進に関し基本的な事項を定めるとともに、国民の栄養の改善その他の国民の健康の増進を図るための措置を講じ、もって国民保健の向上を図ることを目的としている。受動喫煙の防止について、劇場、集会場等の施設を管理する者の義務も定められている。

▶ 地方自治法

地方自治の本旨に基づいて、地方公共団体の区分並びに地方公共団体の組織および運営に関する事項の大綱を定めている。

住民の福祉を増進する目的をもってその利用に供するための施設を「公の施設」とし、その設置、管理等について定めている。なお、公の施設の管理は、条例により「指定管理者」に委託することができる。

個人情報の適正な取扱いに関し、基本理念および政府による基本方針の作成その他の個人情報の保護に関する施策の基本となる事項を定め、国および地方公共団体の責務等を明らかにするとともに、個人情報を取り扱う事業者の遵守すべき義務等を定めることにより、個人情報の有用性に配慮しつつ、個人の権利利益を保護することを目的としている。

特定の作業に求められる資格等

公演制作に当たって、1〜7は、防火、安全衛生の確保および特定の作業をおこなう上で必要となる国家資格および特別教育。8・9は関係者に推奨される公的資格。この他に、照明、音響などの各協会で技能認定等を設けている。
〈→p.158を参照〉

1. 電気工事士 〈国家資格・電気工事士法、経済産業省〉

一般用電気工作物および自家用電気工作物の工事に関する専門的な知識を有する者に都道府県知事より与えられる資格。電源が露出した電源盤から電源を取る場合は、電気工事士資格が必要となるが、接続器を利用した接続の場合は、有資格者以外による電源の供給作業が認められている。

2. 玉掛け技能講習修了者 〈国家資格・労働安全衛生法、厚生労働省〉

玉掛けとは、ワイヤーロープなどの吊り具を用いて荷物をクレーン等のフックに掛けて吊り上げ、移動し、荷外しする作業のこと。荷物の重さにかかわらず、クレーン等の能力が1t以上の場合には必要である。1t未満の場合は「特別教育」でよい。

3. クレーン・デリック運転士 〈国家資格・労働安全法、厚生労働省〉

クレーンとは、荷を動力を用いて吊り上げ（人力によるものは含まない）、これを水平に運搬することを目的とする機械装置のことで、劇場の搬入口等に設置されるホイストクレーンも含まれる。吊り上げ荷重5t未満のクレーンの運転は「クレーン運転業務特別教育」の受講者であれば可能である。（2006年よりクレーン運転士免許とデリック運転士免許が統合）

4. 足場の組立等作業主任者 〈国家資格・労働安全衛生法、厚生労働省〉

高所作業は労働安全衛生法では2m以上と規定されているが、5mを超える足場の組立・解体および変更作業は、有資格者の立ち会い、指導が必要となる。

※足場の組立・解体および変更などの業務（地上・堅固な床上での補助作業の業務を除く）に就く労働者には特別教育が必要となる。（足場の組立等作業従事者特別教育）

5. フルハーネス型墜落制止用器具特別教育 〈労働安全衛生法、厚生労働省〉

労働安全衛生規則により、「高さが2m以上の箇所であって作業床を設けることが困難なところにおいて、墜落制止用器具のうちフルハーネス型のものを用いて行う作業に関わる業務」に就く者には、特別教育の修了が必要となる。

6. テールゲートリフターの操作の業務に係る特別教育
〈労働安全衛生法、厚生労働省〉

労働安全衛生規則により、荷を積み卸す作業を伴うテールゲートリフターの操作の業務をおこなうものは、特別教育の修了が必要となる。

7. 甲種防火管理者 〈国家資格・消防法、総務省〉

不特定の人が出入りする建物（映画館・病院・複合商業ビルなどの特定防火対象物）で、収容人員が30人以上、かつ延べ床面積が300m²以上の場合、甲種防火管理者としての資格を持つ者を防火管理者に選任しなければならない。

8. 職長・安全衛生責任者 〈職長教育・労働安全衛生法、厚生労働省〉

製造業をはじめとする多くの事業場では、職長は仕事を能率的に進めることに加えて、部下の健康と安全を確保する上で重要な立場にある。一方、建設業など同一の場所において混在作業をおこなうことによって生じる労働災害を防止するために、その現場全体を統括管理する安全衛生管理体制を必要とする。劇場等演出空間等でも恒常的に混在作業が存在するため「職長・安全衛生責任者教育」を受講することが望ましい。

9. 救命講習 〈公的資格・消防本部、総務省〉

応急処置の技能が取得できる。普通救命講習Ⅰ、Ⅱ、上級救命講習とあるが、AED（自動対外式除細動器）を何度も使用する機会のある者および予想される者はⅡを修了することで、AEDを使用することが認められる。

法令一覧

法令名		施行および改正年月日等
働く人の環境について		
労働基準法	昭和22年法律第49号	令和6 (2024) 年5月31日
働き方改革を推進するための関係法令の整備に関する法律	平成30年法律第71号	平成31 (2019) 年4月1日
年少者労働基準規則	昭和29年労働省令第13号	令和3 (2021) 年4月1日
女性労働基準規則	昭和61年労働省令第3号	令和元 (2019) 年5月7日
労働者派遣事業の適正な運営の確保及び派遣労働者の保護等に関する法律（労働者派遣法）	昭和60年法律第88号	令和6 (2024) 年5月31日
労働安全衛生法	昭和47年法律第57号	令和4 (2022) 年6月17日
労働安全衛生法施行令	昭和47年政令第318号	令和6 (2024) 年4月1日
労働安全衛生規則	昭和47年労働省令第32号	令和6 (2024) 年4月1日
クレーン等安全規則	昭和47年労働省令第34号	令和2 (2020) 年12月25日
特定受託事業者に係る取引の適正化等に関する法律（フリーランス・事業者間取引適正化等法）	令和5年法律第25号	令和5 (2023) 年5月12日 公布
障害を理由とする差別の解消の推進に関する法律	平成25年法律第65号	令和6 (2024) 年4月1日
劇場の消防、建築、設備について		
消防法	昭和23年法律第186号	令和6 (2024) 年4月1日
消防法施行令	昭和36年政令第37号	令和5 (2023) 年4月1日
消防法施行規則	昭和36年自治省令第6号	令和5 (2023) 年5月31日
危険物の規制に関する政令	昭和34年政令第306号	令和元 (2019) 年12月16日
危険物の規制に関する規則	昭和34年総理府令第55号	令和6 (2024) 年4月1日
火薬類取締法	昭和25年法律第149号	令和4 (2022) 年6月17日
火薬類取締法施行規則	昭和25年通商産業省令第88号	令和6 (2024) 年4月29日
建築物における衛生的環境の確保に関する法律（ビル管法）	昭和45年法律第20号	令和4 (2022) 年6月17日
建築基準法	昭和25年法律第201号	令和6 (2024) 年4月1日
電気事業法	昭和39年法律第170号	令和6 (2024) 年4月1日
電気事業法施行令	昭和40年政令第206号	令和6 (2024) 年4月1日
電気事業法施行規則	平成7年通商産業省令第77号	令和6 (2024) 年4月1日
電気設備に関する技術基準を定める省令（電気設備技術基準）	平成9年通商産業省令第52号	令和5 (2023) 年3月20日
移動用電気工作物の取扱いについて	平成28年商局第1号	令和5 (2023) 年3月20日
電気工事士法	昭和35年法律第139号	令和5 (2023) 年3月20日
電気工事士法施行令	昭和35年政令第260号	令和5 (2023) 年4月1日
電気工事士法施行規則	昭和35年通商産業省令第97号	令和5 (2023) 年12月28日
電気用品安全法	昭和36年法律第234号	令和5 (2023) 年3月20日
電気用品安全法施行令	昭和37年政令第324号	平成24 (2012) 年4月1日
消費生活用製品安全法	昭和48年法律第31号	令和4 (2022) 年6月17日

法令名		施行および改正年月日等
消費生活用製品安全法施行令	昭49年政令第48号	令和5 (2023) 年6月19日
製造物責任法 (PL法)	平成6年法律第85号	令和2 (2020) 年4月1日
電波法	昭和25年法律第131号	令和6 (2024) 年4月1日
電波法施行規則	昭和25年電波監理委員会 規則第14号	令和6 (2024) 年4月1日
無線設備規則	昭和25年電波監理委員会 規則第18号	令和6 (2024) 年5月23日
文化芸術の振興		
文化芸術基本法 (旧 文化芸術振興基本法)	平成13年法律第148号	令和元 (2019) 年6月7日
文化芸術推進基本計画 (第1期)	閣議決定	平成30 (2018) 年3月6日
文化芸術推進基本計画 (第2期)	閣議決定	令和5 (2023) 年3月24日
文化芸術の振興に関する基本的な方針 (第1次基本方針)	閣議決定	平成14 (2002) 年12月10日
文化芸術の振興に関する基本的な方針 (第2次基本方針)	閣議決定	平成19 (2007) 年2月9日
文化芸術の振興に関する基本的な方針 (第3次基本方針)	閣議決定	平成23 (2011) 年2月8日
文化芸術の振興に関する基本的な方針 (第4次基本方針)	閣議決定	平成27 (2015) 年5月22日
劇場、音楽堂等の活性化に関する法律	平成24年法律第49号	平成29 (2017) 年6月23日
劇場、音楽堂等の活性化のための取組に関する指針	文部科学省告示第60号	平成25 (2013) 年3月29日
障害者による文化芸術活動の推進に関する法律	平成30年法律第47号	平成30 (2018) 年6月13日
国際文化交流の祭典の実施の推進に関する法律	平成30年法律第48号	平成30 (2018) 年6月13日
興行場法	昭和23年法律第137号	令和5 (2023) 年12月13日
著作権法	昭和45年法律第48号	令和6 (2024) 年1月1日
著作権法施行令	昭和45年政令第335号	令和6 (2024) 年1月1日
知的財産基本法	平成14年法律第122号	令和3 (2021) 年9月1日
文化財保護法	昭和25年法律第214号	令和4 (2022) 年6月17日
音楽文化の振興のための学習環境の整備等に関する法律	平成6年法律第107号	平成6 (1994) 年11月25日
古典の日に関する法律	平成24年法律第81号	平成24 (2012) 年9月5日
その他の関連する法律		
銃砲刀剣類所持等取締法	昭和33年法律第6号	令和6 (2024) 年4月1日
動物の愛護及び管理に関する法律	昭和48年法律第105号	令和4 (2022) 年6月17日
動物の愛護及び管理に関する法律施行令	昭和50年政令第107号	令和6 (2024) 年4月1日
食品衛生法	昭和22年法律第233号	令和6 (2024) 年4月1日
風俗営業等の規制及び業務の適正化等に関する法律	昭和23年法律第122号	令和5 (2023) 年7月13日
健康増進法	平成14年法律第103号	令和5 (2023) 年4月1日
地方自治法	昭和22年法律第67号	令和6 (2024) 年5月27日
個人情報の保護に関する法律	平成15年法律第57号	令和6 (2024) 年4月1日
個人情報の保護に関する法律施行令	平成15年政令第507号	令和6 (2024) 年2月1日

関連資格、技能認定一覧

関連資格／技能認定定	種類	実施主体
電気工事士（第一種、第二種）	国家資格	一般財団法人電気技術者試験センター
玉掛け技能講習 修了者	国家資格	各都道府県労働局安全課、建設業労働災害防止協会など
フォークリフト運転技能者	国家資格	各都道府県労働局安全課、一般財団法人日本産業技能教習協会など
クレーン・デリック運転士	国家資格	公益財団法人安全衛生技術試験協会
足場の組立て等作業主任者	国家資格	各都道府県労働局安全課、建設業労働災害防止協会など
足場の組立て等作業従事者特別教育 修了者	特別教育	各都道府県労働局安全課、建設業労働災害防止協会など
危険物取扱者	国家資格	一般財団法人消防試験研究センター
甲種防火管理者	国家資格	各消防本部、一般財団法人日本防火・防災協会など
建築物衛生管理技術者	国家資格	公益財団法人日本衛生管理教育センター
自営消防技術認定	行政資格	東京消防庁
フルハーネス型墜落制止用器具特別教育	特別教育	中央労働災害防止協会、建設業労働災害防止協会など
テールゲートリフターの操作の業務に係る特別教育	特別教育	社内研修、研修機関など（講師は十分な知識・経験を有する者）
職長・安全衛生責任者	職長教育	中央労働災害防止協会、建設業労働災害防止協会など
救命講習（普通I、普通II、上級 他）	公的資格	各消防本部、防災協会など
第三級陸上特殊無線技士	国家資格	公益財団法人日本無線協会
照明技術者技能認定（1級、2級）	民間認定	公益社団法人日本照明家協会
舞台機構調整技能士（音響機構調整作業）（1級、2級、3級）	国家検定	職業能力開発協会（協力：公益社団法人日本舞台音響家協会）
音響技術者技能認定（1級、2級、3級）	民間認定	一般社団法人日本音響家協会
サウンドシステムチューナー（1級、2級）		
劇場管理運営技術者技能検定（上級、中級）	民間認定	愛知県舞台運営事業協同組合
劇場管理運営技術者技能認定3級		
劇場技術者検定（第1級、第2級、第3級）	民間認定	一般社団法人日本劇場技術者連盟

参考資料

打ち合わせ表例

※打ち合わせの際の各担当の出席者をきちんと記録しておくことが大事。
責任の所在を明らかにし、万一のトラブルへの備えにもなる。

<table>
<tr><td colspan="8" align="center">○○劇場</td></tr>
<tr><td colspan="8" align="center">舞台技術　打合せ記録</td></tr>
<tr><td>公演名</td><td colspan="3">○○○○○コンサート</td><td>利用日</td><td colspan="3">20●●年　○月○日（○）9：00〜22：00</td></tr>
<tr><td>主催者</td><td colspan="7"></td></tr>
<tr><td rowspan="3">打合せ</td><td colspan="2">打合せ日</td><td>20●●年　○月　○日　15：00〜</td><td>施設</td><td colspan="3">○○　○○</td></tr>
<tr><td colspan="2">主催担当</td><td>○○　○○</td><td>舞台全般</td><td colspan="3">○○　○○</td></tr>
<tr><td colspan="2">連絡先</td><td>○○-○○○○-○○○○</td><td>客席案内</td><td colspan="3">○○</td></tr>
</table>

乗り込みスタッフ

スケジュール		メモ		催し物の簡単な内容		
搬入・仕込	9：00〜				出演者	3名
RH等	15：00〜	1部　エレクトーン＆サックス			関係者	20名
開場	18：00〜			スタッフ	舞	2名
開演	18：30〜	2部　ピアノ＆サックス			照	1名
終演	〜21：00	詳細は当日			音	2名
解体	〜22：00				他	映像1名

基本的な時間配分　劇場スタッフの助言が必要な場合もあり

当日の舞台進行（舞台監督）

舞台関係（主催者側）　責任者　○○氏　（担当会社名：　　　　）　連絡先：　　　　　）

担当	○○	◎　緞帳不使用、中割幕、途中中ホリ昇降有り
		◎　出演者　椅子・譜面台
増員	0	◎　上手　花台
		◎　Pf　ヤマハCFIIIS　調律ナシ

資料関係や使用備品　舞台関係の特記事項　劇場スタッフの助言が必要な場合もあり

劇場から発注する追加スタッフ

照明関係（主催者側）　責任者　○○氏　（担当会社名：　　　　）　連絡先：　　　　　）

担当	○○	◎　演奏　ネライ　#W　　　Pf/Sax/EL
		◎　MC　&　コール　#W　　PINナシ
増員	2	◎　LHQ置き、UH（持込色使用）
		◎　花台　上手置き

資料関係や使用備品　舞台関係の特記事項　劇場スタッフの助言が必要な場合もあり

音響関係（主催者側）　責任者　○○氏　（担当会社名：　　　　）　連絡先：　　　　　）

担当	○○	1部　EL Solo　SP持ち込み　電源のみ使用。　　W/L Hand×1（電池備品）　EL横にマイク置き
		2部　Sax & Pf.　生演奏　　　　　　　↓　2部でも使用（Sax奏者）
		VTR Line出し　U列センター
増員	0	録音　　有り　3点吊り使用　CD-R　備品使用
		PA席　　無し
		場内アナウンス　　AR-3000使用

資料関係や使用備品　舞台関係の特記事項　劇場スタッフの助言が必要な場合もあり

映像関係（主催者側）　責任者　○○氏　（担当会社名：　　　　）　連絡先：　　　　　）

担当	○○	◎　映像室より15000ansiルーメンを正面打ち（中ホリに投影）
		◎　オペレートは、映像室
増員	0	

その他

客席	固定席	ビデオ／撮影　ライン送り	申請など	コンセプトマシン使用（消防申請済み）
	☆750席	入場者見込み数　600名		
	移動席（補助椅子）			非常誘導灯　一時消灯あり
	☆50席　なし			
	1F前12/奥30　2F 8	客席階段　なし		

吊り物表（バトン割り表）例

バトン名称	劇場吊り物	仕込み吊り物	詳細	重量	本番中昇降
			「○○○○○」○○劇場　バトン割		20●●年　○月　○日
客席バトン					
プロサス		照明		230kg	-
1バトン	暗転幕 → 使用				あり
緞帳					
2バトン		黒紗幕	要下端パイプ／袖幕共吊り（間口9間）	90kg	あり
3バトン	文字 → 使用				-
4バトン	袖幕 → 使用		間口8間		-
1ボーダー		照明		160kg	-
1サス		照明		250kg	-
1天反前吊					
5バトン			センターより上下2間に、スリングにて2mケタ吊り	110kg	-
6バトン		劇場文字			-
7バトン	文字 → 6バトンに吊り替え	劇場袖幕	間口8間		-
8バトン	袖幕 → 7バトンに吊り替え	飾りアーチ	4mmワイヤー×6点吊り	240kg	あり
2ボーダー					
2サス		照明		250kg	-
1天反後吊					
9バトン		持込袖幕		40kg	-
10バトン		スピーカー	センターより上下4.5間に、6mmワイヤーにて4mケタ吊り	100kg	-
2天反前吊					
11バトン	文字 → 使用				-
12バトン	引き割幕 → 不使用				
3サス		照明		300kg	-
13バトン		持込袖幕	間口8間	40kg	あり
14バトン		正面パネル	6mmワイヤー×6点吊り／電飾仕込み有り	300kg	あり
15バトン	文字				-
16バトン	袖幕		間口8間		-
2天反後吊					
4サス		照明		250kg	-
正面反射板					
17バトン		劇場文字			-
18バトン	文字 → 17バトンに吊り替え	劇場袖幕	間口8間		-
19バトン	袖幕 → 18バトンに吊り替え	背景幕	W10間×H5間／要下端パイプ	120kg	あり
アッパーホリゾントライト	不使用				
20バトン		照明		180kg	-
21バトン					
22バトン	大黒幕 → 使用				-
23バトン	ホリゾント幕 → 不使用				

図面事例① 彩の国さいたま芸術劇場 大ホール

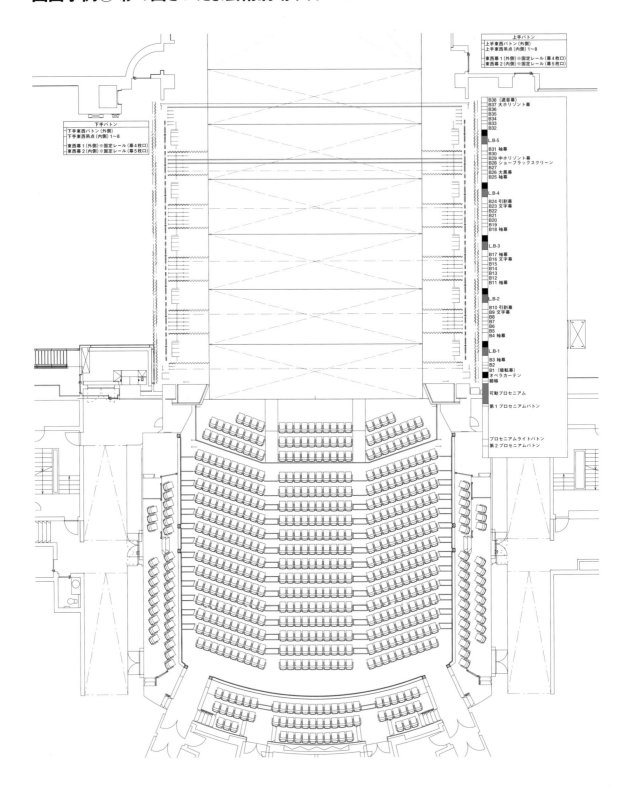

下手バトン
下手東西バトン（外側）
下手東西吊点（内側）1〜8
東西幕1（外側）※固定レール（幕4枚口）
東西幕2（内側）※固定レール（幕5枚口）

上手バトン
上手東西バトン（外側）
上手東西吊点（内側）1〜8
東西幕1（外側）※固定レール（幕4枚口）
東西幕2（内側）※固定レール（幕5枚口）

B38（遮音幕）
B37 大ホリゾント幕
B36
B35
B34
B33
B32
L.B-5
B31 袖幕
B30
B29 中ホリゾント幕
B28 ショーブラックスクリーン
B27
B26 大黒幕
B25 袖幕
L.B-4
B24 引割幕
B23 文字幕
B22
B21
B20
B19
B18 袖幕
L.B-3
B17 袖幕
B16 文字幕
B15
B14
B13
B12
B11 袖幕
L.B-2
B10 引割幕
B9 文字幕
B8
B7
B6
B5
B4 袖幕
L.B-1
B3 袖幕
B2
B1（暗転幕）
オペラカーテン
緞帳
可動プロセニアム
第1プロセニアムバトン
プロセニアムライトバトン
第2プロセニアムバトン

平面図｜S=1：250

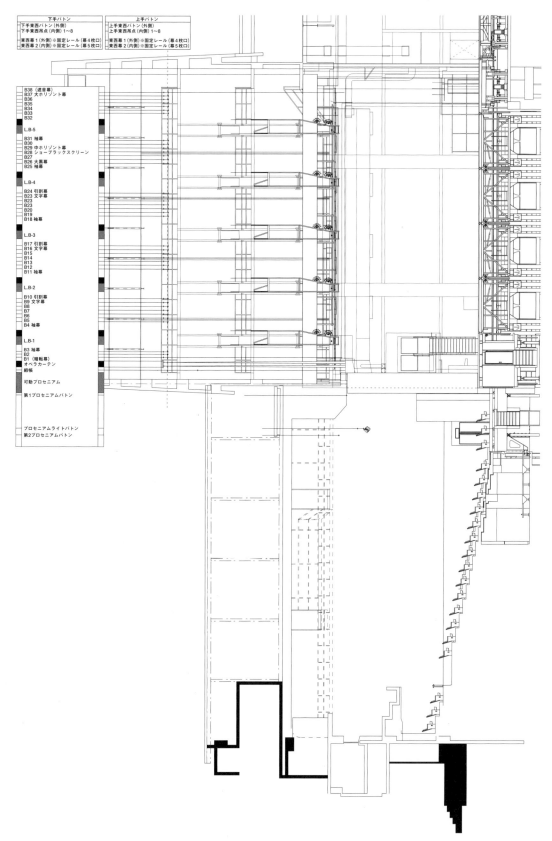

下手バトン	上手バトン
下手東西バトン(外側)	上手東西バトン(外側)
下手東西吊点(内側)1〜8	上手東西吊点(内側)1〜8
東西幕1(外側)※固定レール(幕4枚口)	東西幕1(外側)※固定レール(幕4枚口)
東西幕2(内側)※固定レール(幕5枚口)	東西幕2(内側)※固定レール(幕5枚口)

B38(遮音幕)
B37 大ホリゾント幕
B36
B35
B34
B33
B32

L.B-5

B31 袖幕
B30
B29 中ホリゾント幕
B28 ショーブラックスクリーン
B27
B26 大黒幕
B25 袖幕

L.B-4

B24 引割幕
B23 文字幕
B23
B23
B20
B19
B18 袖幕

L.B-3

B17 引割幕
B16 文字幕
B15
B14
B13
B12
B11 袖幕

L.B-2

B10 引割幕
B9 文字幕
B8
B7
B6
B5
B4 袖幕

L.B-1

B3 袖幕
B2
B1(暗転幕)
オペラカーテン
緞帳

可動プロセニアム

第1プロセニアムバトン

プロセニアムライトバトン
第2プロセニアムバトン

断面図 | S=1:250

図面事例② 新国立劇場 小劇場

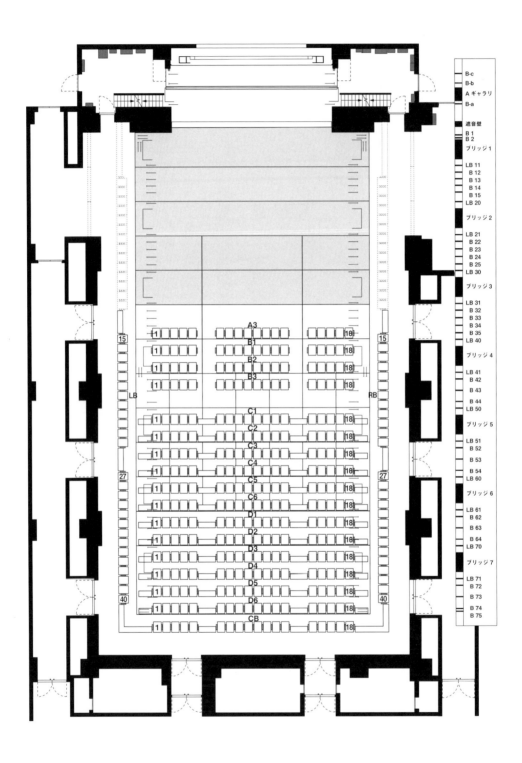

平面図│S=1：200

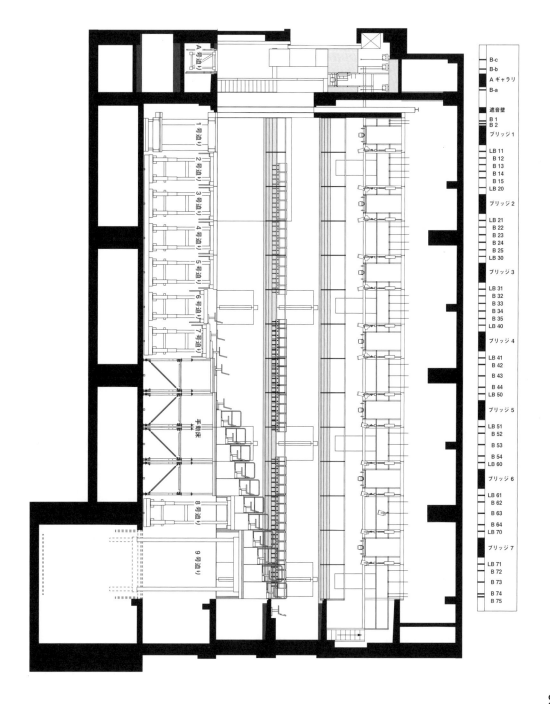

B-c
B-b
A ギャラリ
B-a

遮音壁
B 1
B 2
ブリッジ 1

LB 11
B 12
B 13
B 14
B 15
LB 20

ブリッジ 2

LB 21
B 22
B 23
B 24
B 25
LB 30

ブリッジ 3

LB 31
B 32
B 33
B 34
B 35
LB 40

ブリッジ 4

LB 41
B 42
B 43
B 44
LB 50

ブリッジ 5

LB 51
B 52
B 53
B 54
LB 60

ブリッジ 6

LB 61
B 62
B 63
B 64
LB 70

ブリッジ 7

LB 71
B 72
B 73
B 74
B 75

A 号迫り
1 号迫り
2 号迫り
3 号迫り
4 号迫り
5 号迫り
6 号迫り
7 号迫り
手動床
8 号迫り
9 号迫り

断面図 | S＝1：200

参考図書など

一般社団法人電気設備学会／公益社団法人劇場演出空間技術協会
「劇場等演出空間電気設備指針」(2014)

演劇などの催物をおこなう劇場、ホール等の演出空間には、演出効果に欠かせない舞台照明・舞台機構・舞台音響などの特徴的な電気設備が施設されている。これら設備を設計・施工・運用するための規格・基準および要点などについて分かりやすく整備体系化した「指針」(1999年初版)の改訂版。
www.ieiej.or.jp/service/text-app/book12.html

一般社団法人電気設備学会
「演出空間仮設電気設備指針」(2006)

公演をおこなうための電気設備のうち、公演の都度持ち込まれ、設置され、そして終了後に撤去されるものを対象に、「劇場等演出空間電気設備指針」とは異なる観点からまとめた指針。このような電気設備を構成する持込機器などの取り扱いは、安全への配慮はもとより設営・運用・撤去などの作業の効率を重視する必要がある。
www.ieiej.or.jp/service/text-app/book14.html

公益社団法人劇場演出空間技術協会(JATET)
刊行物・調査研究報告書

建築・機構・照明・音響・映像・総合・その他の分野ごとに各舞台機構や舞台機器の使用における安全性や使用方法に言及している。自主規格ではあるが、日本における舞台作業に当たっての大きなガイドラインとなっている。
www.jatet.or.jp/

NPO法人日本舞台技術安全協会(JASST)
ガイドライン

厚生労働省東京労働基準部安全課の指導の下、JASST加盟団体における各社スタッフ、屋外におけるコンサートイベント等関係者に対する安全作業のための対策案をガイドラインとして提唱している。安全装備品の提供・着用と使用に関する指導・教育対策の推進を前提としている。
www.jasst-safety.com/

全国舞台テレビ照明事業協同組合(全照協)
安全衛生管理マニュアル

全照協安全委員会が作成。事業者が法に従い労働者のための安全衛生活動をおこなうことを目的としたPart1(事業者・管理者編)、現場作業者が安全意識を持ち、日常の作業、業務の中で徹底するべきことをまとめたPart2(現場管理者・作業者編)の2分冊。

ライブ・エンタテインメント約款

入場券購入者の保護およびコンサート主催者の正当な利益の保護に資することを目的として、入場券購入者とコンサート主催者との間における入場券およびコンサートに関わる基本的な契約関係を明示している。
www.acpc.or.jp/activity/concert

レーザーアートアンドサイエンス協会
LASA安全基準

劇場・アリーナなどの広い空間で使用される高出力のレーザー機器は使い方次第で重大な事故を引き起こす可能性があるため、博物館やホールなどの文化施設、公共の場において芸術、展示、エンターテインメントなどを目的としたレーザーディスプレイを安全におこなうための基準を定めている。
www.lasa-info.jp/

愛知県舞台運営事業協同組合
劇場管理運営技術テキスト

公共ホールの設置者(所有者)である地方自治体関係者に向け、専門技術者による劇場管理運営の必要性を訴え、2002年度より実施している劇場管理運営技術者技能認定試験制度のためのテキストとして、『劇場管理運営業務』『劇場設備と作業の実践』『電気』『劇場関係参考法令集』『舞台用語集』の5冊を作成している。
www.aibukyou.or.jp

公益社団法人全国公立文化施設協会
『公立文化施設の危機管理／リスクマネジメントガイドブック』

公立文化施設が、危機管理／リスクマネジメント能力の向上に自主的に取り組むためのガイドブック。参考的な指針であり、各施設の実情に合ったマニュアルの作成や実践を促している。その後、東日本大震災を受けて『リスクマネジメントハンドブック』が刊行されている。
www.zenkoubun.jp/publication/handbook.html

『劇場・音楽堂等 契約実務ガイドブック』

劇場・音楽堂等の職員向けに、事業実務に関わる様々な契約のポイントと解説がなされている。
www.zenkoubun.jp/publication/handbook.html

劇場等演出空間運用基準協議会
『舞台技術の共通基礎―公演に携るすべての人々に』

劇場・ホールの歴史や、機構・照明・音響・映像それぞれの機器の説明、制作過程についての基礎をまとめている。舞台スタッフ、制作者、施設管理者など公演に携る人々に知っていて欲しい横断的な基礎知識を写真やイラストとともに掲載している。
www.kijunkyo.jp

文化庁
『文化芸術分野の適正な契約関係構築に向けたガイドライン』

文化芸術の担い手である芸術家等が安心・安全な環境で業務に従事できるよう、契約の書面化の推進や適正な契約関係の構築等について検討された結果が「文化芸術分野の適正な契約関係構築に向けたガイドライン(検討のまとめ)」として公表されている。
www.bunka.go.jp/koho_hodo_oshirase/hodohappyo/93744101.html

映画、アニメーション、劇場・音楽堂等、舞台芸術関係者の対象ごとの研修会資料等が、下記より閲覧できる。
www.bunka.go.jp/seisaku/bunka_gyosei/kibankyoka/kenshukai/index.html

自由な創造空間は 常に安全と ともに

音で 舞台を 彩る

公益社団法人
日本舞台音響家協会

〒169-0075 東京都新宿区高田馬場 1-29-22 壽ビル 205
TEL 03-3205-6943 FAX 03-6380-3102
https://ssa-j.or.jp

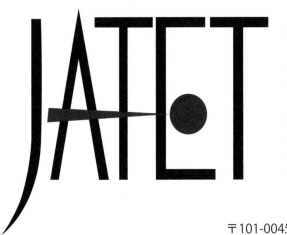

JATET（公益社団法人劇場演出空間技術協会）は、我国の
文化及び芸術の振興と科学技術の発展に寄与することを目
的として、1990 年 7 月に社団法人として設立されました。
その後、2010 年 3 月には公益社団法人に移行し、より社
会に貢献する協会として生まれ変わりました。JATET では
劇場等演出空間施設に関する調査研究、規格の検討作成、
セミナー・展示会の開催、内外の関連機関、団体との交流
等の活動を行なっています。
また、協会には 7 部会（教育研修・建築・機構・照明・音響・
映像・広報）が構成されており日々、活発的な活動を行なっ
ています。

〒101-0045 東京都千代田区神田鍛冶町 3-8-6 第一古川ビル
TEL：03-5289-8858／FAX：03-3258-2400
URL：https://www.jatet.or.jp/

公益社団法人 劇場演出空間技術協会（JATET）
JAPAN ASSOCIATION OF THEATRE AND ENTERTAINMENT TECHNOLOGY

公益社団法人 全国公立文化施設協会

公共劇場舞台技術者連絡会

公共劇場舞台技術者連絡会(公技連)は、全国の舞台技術部門職員を有する公立劇場・ホールで構成され、27館が加盟しています(2024年現在)。劇場舞台技術者が連携し、劇場における諸問題の調査研究や情報交換・研修を通して、公演及び創作の円滑な進行管理と安全確保、舞台技術者の専門性の確立、公演制作作業の安全基準及び運用管理基準の共有を目指しています。

お問い合わせ：Eメール info@kougiren.jp

ホームページ：http://kougiren.jp/

劇場、音楽堂等連絡協議会
The Liaison Council of Theaters and Halls in Japan

「劇場、音楽堂等連絡協議会（劇音協）」は2013年に設立されました。劇場法（劇場、音楽堂等の活性化に関する法律）の主旨に則り、自主事業や人材養成、共同制作、助成制度、社会包摂などについて、情報共有や連携の推進を進めていく日本各地の劇場・音楽堂等、約70館の集まりです。

運営委員会（2024年2月〜）
会長　　　矢作勝義（穂の国とよはし芸術劇場PLAT）
副会長　　小倉由佳子（ロームシアター京都）、中村よしき（東京文化会館）
事務局長　熊井一記（神戸文化ホール）
監事　　　大海文（石川県立音楽堂）

https://www.gekionkyo.org/

公益社団法人日本芸能実演家団体協議会［芸団協］

芸団協は、俳優、歌手、演奏家、舞踊家、演芸家などの多様な芸能分野の実演家団体、舞台監督や照明家などのスタッフや制作者等、芸能関係の68団体（2024年4月現在）を正会員とする公益法人です。1965年の設立以来、調査研究をもとに、業界特有の課題への取り組みや、文化芸術振興のための法律や制度を整える提言活動を行っています。

● **実演芸術の振興に係る事業**
・実演芸術の魅力を広く発信し、社会に活かすことを目的に、各地の自治体等と連携のもと幅広い世代を対象にした鑑賞や体験の企画など、様々な文化振興事業を展開。
・新宿区の廃校を活用した「芸能花伝舎」（芸術団体の拠点・稽古・撮影等に利用）を運営。

● **調査研究事業**
・実演芸術に関わる課題の解決に向けたさまざまな調査研究、文化政策の提言活動。
・2022年度より芸術家が安心・安全に仕事が続けられる「互助の仕組み」の研究・提言。

● **実演家著作隣接権センター（CPRA）**
文化庁長官の指定を受け、著作権法に基づく実演家の報酬請求権等の集中管理。

GEIDANKYO

https://www.geidankyo.or.jp

劇場等演出空間運用基準協議会［基準協］構成14団体

団体名	所在地
一般社団法人 日本演出者協会	〒 160-0023　東京都新宿区西新宿6-12-30 芸能花伝舎3F
公益社団法人 日本照明家協会 *	〒 160-0023　東京都新宿区西新宿6-12-30 芸能花伝舎3F
全国舞台テレビ照明事業協同組合 *	〒 108-0014　東京都港区芝5-26-20 建築会館4階
公益社団法人 日本舞台音響家協会	〒 169-0075　東京都新宿区高田馬場1-29-22 寿ビル205
日本舞台音響事業協同組合	〒 108-0075　東京都港区港南3-5-14 ヒビノビル4F
一般社団法人 日本舞台監督協会 *	〒 102-0071　東京都千代田区富士見2-12-16-202 Salon@ふじみ
舞台運営事業協同組合連合会 *	〒 461-0001　愛知県名古屋市東区泉1-21-10 スタメン泉ビル3F
公益社団法人 劇場演出空間技術協会 *	〒 101-0044　東京都千代田区神田鍛冶町3-8-6 第一古川ビル
NPO法人 日本舞台技術安全協会	〒 169-0075　東京都新宿区高田馬場4-39-2 第2シミズビル2F
公益社団法人 全国公立文化施設協会	〒 104-0061　東京都中央区銀座2-10-18 東京中小企業会館4階
劇場、音楽堂等連絡協議会 *	〒 650-0017　兵庫県神戸市中央区楠町4-2-2 神戸文化ホール内
公共劇場舞台技術者連絡会 *	〒 520-0806　滋賀県大津市打出浜15-1 びわ湖ホール内
公益社団法人 日本芸能実演家団体協議会 *	〒160-8374　東京都新宿区西新宿6-12-30 芸能花伝舎2F
公益社団法人 日本演劇興行協会	〒 104-0061　東京都中央区銀座1-27-8 セントラルビル602

（＊ 事務局団体）

ガイドラインver.4 改訂作業部会メンバー

清水高明（日本照明家協会）

大塚隆一（日本舞台音響家協会／株式会社サウンドダック）

小川幹雄（日本舞台監督協会）

熊井一記（劇場、音楽堂等連絡協議会／神戸文化ホール）

座長 安田武司（公共劇場舞台技術者連絡会／東京芸術劇場）

池田拓司（公共劇場舞台技術者連絡会／兵庫県立芸術文化センター）

事務局 堀内真人（劇場等演出空間運用基準協議会会長／公共劇場舞台技術者連絡会／KAAT神奈川芸術劇場）

大和滋・大井優子（日本芸能実演家団体協議会）

劇場等演出空間の運用および
安全に関するガイドライン ver.4 [2024]
公演にたずさわるすべての人々に

発行 2024年6月24日
編集協力 株式会社フリックスタジオ（高木伸哉・田畑実希子）
撮影協力 東京芸術劇場、KAAT神奈川芸術劇場
デザイン 株式会社ラボラトリーズ
イラスト 大橋慶子（p.054, 055, 059）
写真撮影 菅原康太（p.049, 052, 058, 061, 064）
印刷・製本 株式会社文化カラー印刷

発行所 劇場等演出空間運用基準協議会
〒160-8374　東京都新宿区西新宿6-12-30 芸能花伝舎2F
公益社団法人日本芸能実演家団体協議会 内
Tel 03-5909-3060　Fax 03-5909-3061
E-mail kijunkyo@geidankyo.or.jp
www.kijunkyo.jp

販売所 株式会社フリックスタジオ
〒164-0003　東京都中野区東中野3-16-14 小谷ビル5F
Tel 03-6908-6671　Fax 03-6908-6672
E-mail books@flickstudio.jp
www.flickstudio.jp/